公共管理专业经典案例丛书

PUBLIC MANAGEMENT

公共管理专业课程经典案例（一）

周学荣 主编

武汉大学出版社
WUHAN UNIVERSITY PRESS

图书在版编目(CIP)数据

公共管理专业课程经典案例.一/周学荣主编.—武汉：武汉大学出
版社,2019.3
公共管理专业经典案例丛书
ISBN 978-7-307-20705-9

Ⅰ.公…　Ⅱ.周…　Ⅲ.公共管理—案例　Ⅳ.D035-0

中国版本图书馆 CIP 数据核字(2019)第 022413 号

责任编辑:程牧原　　　责任校对:汪欣怡　　　整体设计:汪冰滢

出版发行:**武汉大学出版社**　(430072　武昌　珞珈山)
　　　　　(电子邮箱:cbs22@ whu.edu.cn　网址:www.wdp.com.cn)
印刷:北京虎彩文化传播有限公司
开本:720×1000　1/16　印张:11.5　字数:229 千字　插页:2
版次:2019 年 3 月第 1 版　　2019 年 3 月第 1 次印刷
ISBN 978-7-307-20705-9　　定价:30.00 元

公共管理专业经典案例丛书

总　编　刘文祥

编委会　刘文祥　王　颖　孙友祥　周学荣

赵红梅　王美文　李荣娟

张继涛　李文敏　张小进

PUBLIC MANAGEMENT

前　言

公共管理案例教学起源于西方。20世纪30年代中期，哈佛大学率先在公共行政的教学中使用案例教学法。西方国家的大学教育引入案例教学法不仅时间上较早，积累了丰富的案例教学经验，在经典案例的编写方面也取得了较大的成绩，单就哈佛商学院和肯尼迪政府学院来说，其案例库现有的案例就数以千计，并且每年都在增加和更新。我国案例教学起步较晚，公共管理案例教学更是如此，目前正处于大力推进过程中。以"公共管理案例"为关键词在中国国家图书馆进行文献检索，结果显示从1993年起至今，国内出版的公共管理案例分析相关著作有170本，以清华大学为例，清华大学出版社出版的《中国公共管理案例》，较好地总结和提炼了我国同时期的公共管理案例。在案例库建设方面，中国人民大学在2001年设立的"公共政策与公共管理案例库建设"项目目前已进行到第二期；2004年，清华大学公共管理学院在借鉴和学习哈佛大学关于公共管理案例教学方面的方法与经验的基础上，成立了"中国公共管理案例中心"，致力于我国本土化公共管理案例的收集、编写和建设。除此之外，像北京大学、中山大学等不少高校，每年都会投以一定的资金用于本校案例库的建设。近年来，对中国专业学位教学案例中心推进力度很大。该中心是由教育部学位与研究生教育发展中心设立，联合相关专业学位教育指导委员会共同建设的公益性、非营利性机构。该中心遵循"广泛征集、资源共享、公益为主、成本分担"的原则，致力于建设我国相关专业学位类别最全、特色明显、被广泛认可并具有一定国际知名度的国家级专业学位教学案例中心，有效支撑我国相关专业学位课程案例教学。

公共管理案例编写是公共管理案例教学的基础和前提。我国在公共管理类案例材料编写和案例库建设等方面虽初具成果，但仍然是滞后的，远远不能满足公共管理案例教学的需求。具体表现在：经典案例匮乏，不能很好地满足教师对案例的需求；时效性和针对性较强的教学案例更新较慢；经过二次加工的国外教学案例较多，结合本国实际的首创案例较少；专业化的案例编写人才队伍建设滞后，大多是限于本专业的高校教师；部分高校因资金、人才、技术等方面的原因，现代化案例库建设进程缓慢；高校间案例库建设合作交流较少，共享共建机制不健全。加之我国部分公共部门目前信息不透明，对案例编写所需的第一手资料的获取形成了阻碍，更不利于本土化案例的编写。虽说国外的经典案例颇多，但由于与我国在文化、经济、制度和历史等方面存在差异，实际适合引进的案例仍然较少。

一个好的案例，在谋篇布局、起承转合、逻辑构架等方面都很有讲究，这需要教师有挑选或编写合适案例的能力与技巧。这种能力需要较长时间的锻炼实践才能形成，也需要持续不断地加强案例编写与教学能力方面的培训与交流。一个好的案例应该满足以下几个标准：必须是真实的；答案不唯一化、绝对化；能引起争论，激发学生的批判思维；要解决的问题及决策主角是明确的；能够禁得起深入分析。同时尤其要加强案例本土化的建设，编写能够体现我国文化背景、反映我国公共管理实践的案例，增加本土化案例在案例教学中的比重。

加快案例材料的编写，促进高质量案例库建设，成了当前我国高校公共管理类课程中广泛运用案例教学法的重要任务之一。各高校或高校之间应成立相应的案例搜集制作小组，专门负责案例的搜集和编写，并根据各学科的属性和特征分门别类地加以区分、编码，指导相关教师使用；要加强高校间的合作与交流，促进共建共享案例库机制的形成和发展；积极寻找机会，加强与政府公共管理部门、非政府公共管理部门的合作，以更好地获取案例编写的第一手资料；基于多媒体网络背景，积极通过大数据平台，结合更多的第一手案例资料，积极与国外的案例库相比较，取长补短，加快形成本土化、针对性强的案例库。

为了更好地推动公共管理学科案例教学，夯实公共管理案例教学的基础，湖北大学政法与公共管理学院组织编写了"公共管理专业经典案例丛书"。该丛书有这样几个特点：首先，丛书中的每本书在案例选择方面都有各自的侧重点，有的侧重于公共政策案例，有的侧重于政府管理，有的侧重于社会治理；其次，所有案例都是精心编写，遵循真实性、典型性、普遍性和时代性，其中有多个案例入选了教育部公共管理专业案例库；最后，案例编写体例适合教学，所有案例都按照教育部入库案例的要求进行严格编写，每篇案例后附有教学手册，严格把握教学规范、流程，集中核心问题，提高案例教学效率。

本套丛书是我们的首次尝试。在编写过程中参考了国内外许多文献，借鉴了一些专家、学者的研究成果，在此对他们表示衷心的谢意。由于时间比较仓促，水平有限，丛书中难免会出现一些疏漏和错误，恳请专家、同仁、读者批评指正。

湖北大学政法与公共管理学院　　**刘文祥**

2017 年岁末

目　　录

公共环境维护
——厦门 PX 项目事件案例分析*

摘要：本案例以厦门 PX 项目事件为例，描述了在公共环境维护中政府、企业、社会和媒体等参与主体之间的矛盾冲突，对案例中所涉及的几个核心问题进行分析，对问题中各参与主体之间的相互关系进行厘清，对政府在公共环境维护和治理中所应扮演的角色进行主要盘点。另外该案例中的问题在多处城市和地区发生，说明这一问题的普遍性，也说明该案例不是孤案，体现了该案例所讨论的问题具有非常重要的普遍性、分析价值和意义。

关键词：环境污染　PX 项目　多元主体　政府

2007 年厦门 PX 项目未建搬迁；

2011 年大连福佳新城 PX 项目被勒令搬迁；

2012 年宁波市政府发表坚决不上 PX 项目的公开声明；

2013 年昆明千余名群众走上街头抗议政府即将上马的 PX 项目……

PX 项目一次次地成为舆论的焦点。PX 项目到底是什么？为什么政府都相继争取此项目落户本地？它的建成运营会带来哪些利弊？为什么会在群众中引起如此反响？政府在有关 PX 项目中与公众的交流如何影响决策？下面就以厦门 PX 项目为例来揭开迷雾。

1　案例前言

1.1　PX 相关知识简介

PX 是 Para-Xylene 的缩写，中文学名为"对二甲苯"，是原油炼制中重要的下游产品，是很多大宗化学品的基础原料，也是一种重要的化工原料。其性状为无色透明液体，有芳香气味，有毒。

健康危害：对二甲苯对眼及上呼吸道有刺激作用，高浓度时对中枢神经系统有

---

* 该案例 2014 年入选教育部公共管理专业学位案例库。

麻醉作用。短期内吸入较高浓度的该物质可出现眼及上呼吸道明显的刺激症状、眼结膜及咽充血、头晕、恶心、呕吐、胸闷、四肢无力、意识模糊、步态蹒跚等。重者可有躁动、抽搐或昏迷，有的有癔症样发作。长期接触该物质有神经衰弱综合征，工人常发生皮肤干燥、皲裂、皮炎，女工有月经异常。食入该物质会导致消化失调、酒醉症状、肺部充血、肝脏受损、肾脏受损。①

PX 项目，指的是对二甲苯化工项目。PX（对二甲苯）用于生产塑料、聚酯纤维和薄膜。在中国，人们反对 PX 项目，甚至谈 PX 色变的根本原因，是认为 PX 项目不但造成环境的污染，而且 PX 本身还具有很强的致癌性，严重危及人的健康。

1.2　PX 相关利益链介绍

从 20 世纪 90 年代起，世界对 PX 的需求量日益增大。从 1990 年到 2004 年，PX 年均需求增长率为 8.4%。目前，世界 PX 需求的年增长率为 5.8%。2014 年，世界 PX 需求量增加到 3480 万吨。中石化经济技术研究院高级专家高春雨指出：“我国是 PX 大国，产量和需求量都相当大。”统计数据显示，2010 年我国生产 PX 810 万吨，消费 950 万吨，其中进口 330 万吨。

相关行业研究报告指出，实际上我国仍处于 PX 短缺的处境。2011 年停产的大连福佳大化公司 PX 产能为每年 70 万吨，占 2010 年国内产能的 8.65%。据当时的预测，2011 年国内 PX 产量将锐减至 665 万吨左右，缺口达近 385 万吨，供给不足加剧。官方数据显示，截至 2012 年年底，我国 PX 缺口为 600 万吨，仅 2011 年一年就进口了近 700 万吨。国内的 PX 自给率已从 2000 年的 88% 降至 2012 年的 53%。

对此，化纤协会秘书长王玉萍深有体会。她表示，目前企业大量从国外进口 PX，一旦价格发生波动，下游企业有遭受损失的风险。这种情况在 2008 年和 2011 年第四季度都发生过。“PX 价格主要基于供需关系的变化。2009 年基本在 8500 元/吨，近年已上升到 11 500 元/吨上下，利润空间较大。”中国石油和化学工业联合会副会长李润生在 2013 年时说，较为丰厚的利润空间，使周边国家对 PX 建设及扩容给予较高热情与关注。

发展 PX 项目并非只关系到下游企业的盈亏。李润生说，在我国加工的原油中，相当多一部分原油潜芳烃含量较高，在炼制过程中需要芳烃抽提，发挥这一部分资源的作用和价值，具备条件的大炼厂配套建设 PX 项目是资源高效利用的客观要求。目前我国合成纤维已占纺织纤维产量的 70%，其中用 PX 生产的涤纶纤维又占合成纤维总量的 80% 以上。李润生指出 2012 年我国涤纶纤维产量达 2800 万吨，

---

① http://baike.baidu.com/view/343141.htm.

按每万吨合成纤维相当于 7 万亩棉田的棉花产量计算，相当于节约了 1.9 亿~2 亿亩棉田。李润生说，"石化产业从炼油到 PX，以及随后的聚酯、抽丝、纺织、印染、服装，每个环节几乎都是一个庞大的产业群，不仅能带动就业，还有大量的社会财富被创造出来。"另外 PX 用途很广，与我们的日常生活息息相关。PX 下游主要用于生产 PTA 及 PET，并最终用于生产衣服、饮料瓶、食用油瓶等。在工业应用中，PX 主要用作生产聚酯纤维和树脂、涂料、染料，在生产香料、医药、杀虫剂、油墨、黏合剂等领域都有广泛应用。①

如此强大的经济效益和 PX 的广泛应用领域，驱使政府纷纷力争落户当地，带来的不只是 PX 一个项目，而是一套完整的化工产业链，继而产生的财政收益给当地政府的也不只是 GDP 上的增值，更主要的是当届政府的政绩。

2 厦门 PX 项目案例背景介绍

2.1 厦门 PX 项目事件起因

厦门市海沧 PX 项目，是 2006 年厦门市引进的一项总投资额为 108 亿元人民币的对二甲苯化工项目，该项目号称厦门"有史以来最大工业项目"，选址于厦门市海沧台商投资区，投产后每年的工业产值可达 800 亿元人民币。该项目于 2006 年 11 月开工，原计划 2008 年投产。由于 PX 项目区域位于人口稠密的海沧区，项目中心地区距离厦门市中心和国家级风景名胜区鼓浪屿 7 公里，距离拥有 5000 名学生（大部分为寄宿生）的厦门外国语学校和北师大厦门海沧附属学校 4 公里。项目 5 公里半径范围内的海沧区人口数量超过 10 万，居民区与厂区最近处不足 1.5 公里。而 10 公里半径范围内，覆盖了大部分九龙江河口区，整个厦门西海域及厦门本岛的 1/5 。项目的专用码头，就在厦门海洋珍稀物种国家级自然保护区，该保护区的珍稀物种包括中华白海豚、白鹭、文昌鱼。项目开工后便遭受广泛质疑。

2.2 厦门 PX 项目事件发展及其结果

厦门 PX 项目 2004 年 2 月经国务院立项，2005 年 7 月通过项目环评，国家发改委将其纳入"十一五"PX 产业规划 7 个大型项目中，并于 2006 年 7 月通过了项目申请报告。②

---

① 《人民日报：PX 项目几十年未出过大事故》搜狐网，http：//news.sohu.com/20130730/n382909686.shtml，2013 年 7 月 30 日。

② 《厦门 PX 事件》，《三联生活周刊》2007 年 10 月 8 日总 451 期。

2006 年 11 月 17 日，腾龙 PX 项目和翔鹭 PTA 二期项目正式在厦门市海沧南部工业区动工。①

2007 年 3 月 "两会" 期间，厦门大学化学系教授、全国政协委员赵玉芬联合了另外 104 名政协委员，向政府提交了一项提案，对海沧 PX 项目提出异议并建议暂缓 PX 项目建设，重新选址勘查论证，更被列为全国政协的 "一号提案"。

2007 年 5 月底，厦门网民通过邮件、QQ、MSN 收到了反对 PX 项目的信息，号召市民于 6 月 1 日通过 "散步" 的方式表达对该项目的意见。②

厦门政府对此立即作出反应。2007 年 5 月 28 日，厦门市环保局局长用答记者问的形式在《厦门日报》上解答了关于 PX 项目的环保问题，并重申海沧 PX 项目已按国家法定程序批准在建。29 日，负责 PX 项目的腾龙芳烃（厦门）有限公司总经理林英宗博士同样以答记者问的形式在《厦门晚报》发表长文，解释了 PX 工厂的一些科学问题。

2007 年 5 月 30 日，厦门市常务副市长丁国炎召开新闻发布会，正式宣布缓建 PX 项目。③

2007 年 6 月 1 日，近万名厦门人走上街头，表达对 PX 项目的反对意见。之后市政府组织召开了有人大代表、政协委员、企业界人士、街道办事处负责人、市民代表参加的座谈。厦门市政府举行新闻发布会，公开向广大市民群众包括新闻界的朋友征求意见和建议。截至 2007 年 6 月 3 日中午 12 点整，共收到意见和建议 1557 条。

2007 年 6 月 7 日，国家环保总局副局长潘岳表示，国家环保总局从即刻起，将组织各方专家进行对厦门市全区域的规划环评，就厦门市的环境承载能力、城市发展定位、总体空间布局、生态功能分区等问题进行深入研究，并提出综合性建议。若不符合规划环评要求，包括 PX 项目在内的重化工项目都将予以重新考虑。

2007 年 6 月 7 日，厦门市政府承认：五六年前海沧区审批的一些房地产项目不够慎重，与原来规划没有很好衔接，不够协调，海沧 PX 项目建设与否，要根据区域环评结论才能进行决策。决策后，厦门将严格按照区域规划环评要求认真做好落实。

2007 年 12 月 5 日，中国环境科学研究院和厦门市城市总体规划环评工作领导

① http：//www. binok. com/BBS/MINI/Default. asp？110-224470-0-0-0-0-a-. htm，2007 年 2 月 9 日。

② 汪永晨：《从一份 "两会" 提案看一个城市的环境——厦门 PX 事件》http：//www. greenlaw. org. cn/files/reports/Wang Yongchen. pdf，2009 年 4 月 19 日。

③ 《厦门市政府决定缓建海沧 PX 化工项目》，人民网，http：//finance. people. com. cn/GB/1037/5801195. html，2007 年 5 月 30 日。

小组召开厦门市城市总体规划环评公众参与新闻发布会。发布会上称，厦门总体环评工作已经接近完成，海沧南部环评已经完成，现在进入公众参与阶段，市民可通过多种方式查阅环评报告，并反馈意见。环评的专题报告进入了"公众参与"程序。根据相关法律法规，开展"公众参与"工作，市民可在即日起 10 日内通过台海网查阅《厦门市重点区域（海沧南部地区）功能定位与空间布局环境影响评价》（简本），或在一周内上班时间持本地居民身份证到厦门市图书馆索取文字本。反映意见建议可通过专线电话、电子邮箱或以信函方式邮寄。

2007 年 12 月 8 日晚，厦门市政府主办的厦门网开设"倾听民声科学决策——厦门市重点区域（海仓南部地区）环评报告网络公众参与活动"，让网民对"PX 项目建设与否"进行投票。结果显示超过九成的投票者反对 PX 项目。10 日，被中止的投票网页消失。网站随即声明，此事与官方无关。官方宣传部相关人士解释称，当时网络投票的程序设计不科学。

2007 年 12 月 10、12 日厦门民间环保组织"绿十字"组织座谈会，提出了 13 条反对意见。

2007 年 12 月 11 日晚，厦门 PX 项目区域环评公众座谈会，100 名参会的代表和 100 名候补代表通过公开随机抽号产生。12 月 13、14 日座谈会在厦门宾馆召开。12 月 14 日，召开了一个由所有福建省常委参加的专项会议。

2007 年 12 月 15 日，福建省政府召开所有省委常委参加的专项会议，决定迁建厦门海沧 PX 项目，预选地为漳州市漳浦县的古雷半岛。①

3 厦门 PX 项目案例问题分析

3.1 环境污染及其选址对周边的威胁问题

PX 是石油化工产业链中的中间产品，主要用于制取 PTA（精对苯二甲酸）和 DMT（对苯二甲酸二甲酯），也是制取合成纤维的原料，是纺织服装、塑料制品等日用消费品生产的上游中间原料之一。其可能引发的风险事故主要为火灾爆炸事故和化学品泄漏事故。

PX 的化学名称为对二甲苯或 1，4 二甲苯，属于低毒类化学物质。苯是一种毒性很强的物质，在涂料、服装等日常生活用品中存在，是危害人类健康的主要化学物质。客观上讲，二甲苯的毒性比苯和甲苯小很多，生理毒性很低，在台湾地区不属于毒性管制品。目前对其毒性国际上存在争议。一方认为，PX 有毒，是一种危险化学品，对胎儿有极高致畸形率，其蒸气与空气能形成爆炸性混合物。另一方认

---

① http://www.022net.com/2009/2-5/514130152365666.htm，2009 年 2 月 5 日。

为，PX 属低毒物质，缺乏对人体致癌性证据。

对二甲苯对环境的主要危害在于，如果 PX 在运输、储存过程中翻车、泄漏，引发火灾会造成意外污染事故。因为 PX 对眼及上呼吸道有刺激作用，高浓度时，对中枢系统有麻醉作用，吸入较高浓度的对二甲苯甚至会出现急性中毒。关于 PX 环境污染对人体健康的影响要有一个正确的科学认识。人体健康受污染影响有三种途径：吸入、口服和皮肤接触。对于大气污染来说，影响的主要是第一种途径，即吸入有污染的空气。但是否对人体健康造成伤害，还要取决于人体暴露水平（接触毒物的概率和剂量或浓度）以及接触时间。

专家指出，中国在发展经济，PX 是基础产业，也是需要发展的一个重要产业，生产还是必要的。关键是能否保证污染物排放量控制在国家规定的排放标准以内，达标排放的污染物进入大气环境后，能否符合国家环境质量标准。

所以 PX 项目的选址以及在生产过程中所产生的污染排放距离就直接影响到周边居民的安全和健康。对于厦门 PX 项目中的 PX 选址，是否有必须距离城市 100 公里的规定？通过查询资料看到，国际上一些 PX 项目的选地距离城区要比厦门 PX 项目还要近。比如：美国休斯敦 PX 装置距城区 1.2 公里；荷兰鹿特丹 PX 装置距市中心 8 公里；韩国釜山 PX 装置距市中心 4 公里；新加坡裕廊岛埃克森美孚炼厂 PX 装置距居民区 0.9 公里；日本横滨 NPRC 炼厂 PX 装置与居民区仅隔一条高速公路。而在国内，天津石化 PX 装置距大港区（现滨海新区大港街）中心 5 公里；青岛丽东化工有限公司 PX 装置距居民区仅为 600 米；上海金山石化 PX 装置距居民区最近距离约 1 公里。

按照原国家环保部规定，对环境存在污染风险的项目，选址距离的确定通常有三种技术方法：安全防护距离、卫生防护距离和大气环境防护距离。

安全防护距离主要是指在发生火灾、爆炸、泄漏的安全事故时，防止和减少人员伤亡、中毒、邻近装置和财产破坏所需要的最小的安全距离；卫生防护距离，主要是指装置或设备无组织排放源，或称面源（高于 15m 的烟筒或排气筒为有组织排放，或称高架点源），排放污染物的有害影响从车间或工厂的边界至居住区边界的最小距离。[1]

厦门海沧 PX 项目的环境安全设计代表目前世界一流水平，不仅在生产设备方面注入巨资引进先进设备，在环保方面，也选择了国际上著名的气体处理和硫回收设计公司——意大利 Technip KTI 硫黄回收装置的设计。国内方面选择目前国内设计力量最强、经验最丰富的石油化工工程公司和石化工程建设公司作为主体项目的 EPC 承包商。这些公司不论在安全、环保设计方面，还是在施工管理方面都具有相应的丰富经验和大量业绩，能够满足环保要求。

---

[1] 陈永杰、王昊：《PX 到底有多毒？》，《科技生活周刊》2011 年第 33 期。

PX 项目业主腾龙芳烃（厦门）有限公司负责人还向社会解释，指出：项目是严格按照国家规定的程序报批的，从工程设计到设备的采购，再到具体施工，都采用了国际上最先进、最节能、最环保的设备。项目一直把国家环保总局及厦门市环保局的要求作为设计和建设的基础。据介绍，公司花了 2000 万美元购买最先进可靠的生产专利技术，并以低噪音、低泄漏为采购设备的原则，使设备达到最可靠、最节能、最环保、最清洁的生产要求。为解决废水排放问题，公司自建了一个污水处理厂，还在厂区增设一个 15 000 立方米的雨水事故池，防止所有污水流至厂外。另外，所有污水排放都实施 24 小时监控，并实行在线监测，目标就是要达到一级排放标准。项目使用的是清洁燃料，热电厂使用循环流化床，对硫的回收率超过 91%。此外，加热炉的烟道气设有脱硫装置和在线监测系统，直接接受环保局监测站监控；所有特别敏感的区域都安装有毒有害可燃气体报警设施，万一发生紧急情况，即可采取应急措施。

尽管腾龙芳烃（厦门）有限公司做了多种努力，迫于公众的反抗浪潮和政府对于民意的态度，最终还是迁建厦门海沧 PX 项目，预选地为漳州市漳浦县的古雷半岛。

3.2 区域发展规划合法性问题

根据《厦门市城市总体规划（1995—2010）》，海沧-嵩屿地区定位布置大型资本密集型临海工业和相应的港口仓储设施，石化产业属于大型资本密集型临海工业。福建省政府审查通过并上报国务院审批的《厦门市城市总体规划（2005—2020）》，进一步明确了海沧南部工业区主导产业为石化产业。在厦门市"十五"计划和"十一五"规划中，都明确了海沧石化产业布局。然而该规划的环境影响评价却未进行。①

根据《环境影响评价法》第七条的规定：国务院有关部门、设区的市级以上地方人民政府及其有关部门，对其组织编制的土地利用的有关规划，区域、流域、海域的建设、开发利用规划，应当在规划编制过程中组织进行环境影响评价，编写该规划有关环境影响的篇章或者说明。此外，该法第八条也规定，国务院有关部门、设区的市级以上地方人民政府及其有关部门，对其组织编制的工业、农业、畜牧业、林业、能源、水利、交通、城市建设、旅游、自然资源开发的有关专项规划（以下简称专项规划），应当在该专项规划草案上报审批前，组织进行环境影响评价，并向审批该专项规划的机关提出环境影响报告书。

福建省政府审查通过并报国务院审批的《厦门市城市总体规划（2005—

---

① 《厦门将积极配合环保总局做好全区域规划环评》，http：//env.people.com.cn/GB/5836866.html，2007 年 6 月 8 日。

2020）》在《环境影响评价法》实施（2003 年 9 月）后生效，其编制和审批过程中并未按照《环境影响评价法》第七条、第八条的要求进行环境影响评价，这就给该规划的合法性问题打上了大大的问号。此项目也并不是没有经过环评程序，如 2004 年年初，厦门 PX 项目业主腾龙芳烃（厦门）有限公司正式委托一甲级环评机构承担该项目环境影响评价工作，但此时的环境影响评价已经是对于建设项目的评价。不以环境决策、环境影响评价为前提的建设项目甚至是规划的环评是存在着重大缺陷的，也使规划编制单位陷入了违法嫌疑。

3.3 政府审批责任问题

在本案发生的五六年前，厦门海沧区审批建设了一批房地产项目，这些项目定位为居民住宅。这批建设项目的定位与《厦门市城市总体规划（1995—2010）》对沧海区石化产业区的定位相冲突。正是建设项目和区域定位相冲突的事实，致使 PX 项目启动之时，入住这批房地产项目中的居民高度恐慌，最终在厦门市全范围内引起对该项目的激烈反对。

PX 事件发生后的 2007 年 6 月 7 日，厦门市政府在新闻发布会上承认：五六年前海沧区审批的一些房地产项目是不够慎重的，和原来的规划没有很好衔接起来，不够协调。其实，在本案发生前的 2006 年 6 月，原国家环保总局就要求，在全国逐步推动区域规划环评工作，厦门作为环境保护模范城市，在第一时间作出反应，全面停止了海沧南部片区房地产项目的土地拍卖，并于 2007 年 3 月正式委托环评机构进行区域规划环评。2007 年 3 月，厦门市海沧投资区管委会出函委托中国寰球工程公司编制《海沧南部石化区总体规划》以及《海沧南部石化区规划环境影响评价》①。但这些迟到的区域规划环评，无法改变海沧区部分区域已成为居民住宅区的事实。如果 PX 项目启动实施，对居住在该区域内的公众的生命健康将带来严重威胁，使该区域居民产生了恐慌，最终这种恐慌从局部区域延伸到整个城市区域。

从法律角度上看，与区域规划相冲突的建设项目应该是违法项目，但该建设项目不仅获得了审批，并得到了具体实施。此外，在《环境影响评价法》已生效实施后，福建省政府审查通过并上报国务院审批的《厦门市城市总体规划（2005—2020）》，也未按《环境影响评价法》第八条要求进行规划环评，这样就产生了两方面的政府责任。第一，因建设审批部门的不当审批，带来了一批与区域规划相悖的建设项目，审批单位是否承担责任？应当承担什么样的责任？我们的各类法律对此都是语焉不详的，也正是如此，在不存在违法情节（如权力寻租）的情况下，

---

① 《厦门将积极配合环保总局做好全区域规划环评》，http：//env. people. com. cn/GB/5836866. html，2007 年 6 月 8 日。

决策有误的政府部门及个人对过失或过错行政行为不承担法律责任的状态，会使随意行政的现象难以根除，所以，尽管厦门市政府承认几年前房地产项目与区域定位相悖，但也无法追究房地产审批部门及个人的法律责任。这一个案的情况在中国具有普遍性。第二，未经过规划环评的区域规划是否具有合法性？我国的《环境影响评价法》第八条确定了进行专项规划环评的要求，但由于实施规划环评的程序性规定没及时出台，因此《厦门市城市总体规划（2005—2020）》的环评，也没有及时进行。这样就使《厦门市城市总体规划（2005—2020）》的程序合法性受到质疑，而依据合法性问题尚未解决的区域规划而建设的项目（包括 PX 项目），其合法性也处于不确定状态。一旦该规划将来被修改，相关项目的改建、迁移甚至取消所带来的巨大的经济损失该由哪个部门和个人承担？是编制审查该规划的福建省政府，还是批准该规划的国务院？因此给公众健康、财产以及环境等造成的损失又该由谁偿付？还能不能偿付？这些问题在我国非常具有普遍性，但法律对决策部门的责任追究没有实际有效的措施，这与我国环境法律制度缺少战略环评制度也是有直接关系的。

此项目中有关环评主体责任制度也存在一些制度缺失，即缺少地方政府环境侵权责任追究制度，在我国现有的环境法律责任制度中，凡是违反了环境法律法规，对环境造成危害，且具有法定责任能力的一切单位和个人，都可能成为环境法律责任的主体。在厦门 PX 事件中，我们可以反思现有的环境法律责任主体制度的缺陷对于 PX 事件造成的影响。在此事件中，我们首先应该注重企业的社会责任的承担，要通过利益调整机制引导企业增加相关投入，对安全生产、对企业的财产和职工的生命、对社会承担更多的责任。如果企业没有承担起相应的社会责任，造成环境污染或生态破坏方面的事件发生，影响到居民生活和安全，这是应该受到重罚的，但毕竟企业承担的社会责任是有限的。若企业已经造成较大的环境污染或生态破坏影响，这时政府再去追究企业责任，为时已晚。厦门市是获得过"联合国人居奖"等一系列荣誉称号的环境优美的海滨城市，但厦门市政府为了追求 GDP 的增长，作出了打造厦门海沧区为"石化重镇"的决策，而要实现这一"石化重镇"的政策诉求，肯定需要上马一大批新项目。厦门市希望形成一条石化产业链，这对拥有美好环境的厦门市来说无疑是件遗憾的事。只有将环境破坏的责任主体由过去重企业、个人调整为包含地方政府的综合主体，地方政府才能真正担负起环保的重责，在决策时会考量是否会对环境造成不良影响及需要承担的法律责任，环境法律责任的承担也必将成为行政决策时需要考量的多种因素的重要参考变量的一种。

3.4 公众知情权、监督权与参与权问题

厦门 PX 项目案中，立项和环评过程中的公众知情权和参与权问题被严重忽视，致使监督权的行使采取了"非正常"途径。

厦门PX项目的环评工作由中国寰球工程公司（总部在北京）承担。该公司在2004年年初接受了厦门PX项目委托，负责该项目环评工作。一年后环评报告完成，2005年7月14日原国家环保总局正式批准了环评报告书，为PX项目开了绿灯。

但当相关人士向承担环评的单位索要环评报告时，环评单位以保密为由，拒绝公布环评报告。

根据原国家环保总局2003年颁布生效的《环境影响评价技术导则》。所有大中型建设项目，应设置公众参与专题，"向有代表性的团体和个人发放征询意见表，数量宜为100份，并召开小型（20人左右）征询意见会1~2次"。但这份技术导则没有确定环评报告必须向公众公开的内容。

2006年年初，原国家环保总局颁布了《环境影响评价公众参与暂行办法》，该办法第五条规定："建设单位或者其委托的环境影响评价机构在编制环境影响报告书的过程中……应当依照本办法的规定，公开有关环境影响评价的信息，征求公众意见。但国家规定需要保密的情形除外。"

然而厦门PX项目的环评是在2005年完成的，腾龙芳烃（厦门）有限公司认为其有权拒绝公众公开环评报告的要求。厦门最大的民间环保组织"厦门绿十字"的负责人马天南曾多次向厦门市环保局索要环评报告，但都未得到积极的回应。①

从公民基本权的角度来看，公众的知情权、参与权和监督权在本案中被侵犯。首先，对涉及PX项目合法性的重要文件——环评报告，公众无法通过正当程序获取，其知情权被严重忽视；其次，环评报告的隐秘性，也使得公众无法监督环评程序和内容的合法性，其行使监督权的机会也被剥夺；正是基于知情权和监督权无法正当行使的事由，PX项目启动之时，厦门公众不得已利用网络、手机短信等渠道，通过"散步"来行使其参与权。

从政府义务角度来看，厦门市环保局拒绝提供环评报告的行为，违背了政府信息公开的义务。根据《政府信息公开条例》第九条的规定：行政机关对符合下列基本要求之一的政府信息应当主动公开：（一）涉及公民、法人或者其他组织切身利益的；（二）需要社会公众广泛知晓或者参与的；（三）反映本行政机关机构设置、职能、办事程序等情况的；（四）其他依照法律、法规和国家有关规定应当主动公开的。

从公民参与政治的角度来看，公民参与政治的初衷就是争取公众自身利益，这一过程是向政府表达诉求并与之博弈的过程；作为政府的本质，其目的也在于谋求社会公共利益的最大化，然而政府不得不面对一些困难，如所谓的公共利益，其范

---

① 袁越：《厦门PX事件》，http://news.sina.com.cn/c/2007-09-27/165713986641.shtml，2007年9月27日。

围有多大，利益受众面有多大，才不违背公平正义原则，是需要考虑的。在实践中，政府需要建立的是一个最大限度开放的表达和参与机制，让公众能参与进来，平衡各方利益。在厦门 PX 项目中，从公民对利益实现途径的认识来看：理性参与较盲目性参与更多；个体参与为主，缺少组织性参与和利益协调机构进行双方的调节。此次事件中的参与对象还是由高层利益诉求者来发动的，中层和基层的参与效能不佳，这与其利益需求程度有很大关系，另外社会地位的不同也会导致参与意识和参与强度的不同。

3.5 政府公共危机管理问题

《厦门晚报》刊登了《海沧 PX 项目已按国家法定程序批准在建》一文，该文就"海沧 PX 项目"回答了记者提问，文中强调了该项目是合法、经过环保审批的项目，对该项目的环保措施进行了叙述，并且把该项目与国外化工厂的项目进行对比，试图说明厦门 PX 项目是环保的。2007 年 5 月 29 日下午，厦门市主要领导赴福州向福建省领导汇报 PX 项目进展以及近期在民众中的反应，福建省委紧急召开会议。5 月 30 日左右，部分学校下达通知，禁止本校学生参加游行示威活动。6 月 1 日游行爆发。虽然在市民与环保人士的反对下，厦门市政府已在 5 月 30 日宣布缓建 PX 项目，但这项宣布并未使市民取消 6 月 1 日的示威活动。示威人士占据主要街道，手上举着写有"要求停建，不要缓建""保卫厦门，拒绝劈叉""抵制 PX 项目，保市民健康，保厦门环境"等字样的横幅及标语，游行期间，厦门市政府发布新闻稿："广大人民群众：市政府已经决定暂缓建设 PX 项目。现在项目已经停工，正在进行区域规划环评，环评需要半年以上时间，你们有什么好的意见和建议，请你们通过正常渠道向市政府反映，我们一定将你们的意见和建议转达环评专家。联系单位：厦门市人民建议征集办公室。"

面对突发事件，厦门市政府应对公共危机的能力还存在不足。第一，要建立政府危机管理的预警、预防、预控机制，增强对公共危机的预见性和处理相关事件的条理性。第二，要建立快速反应机制，强化政府处理危机的能力。政府中枢决策系统必须享有发号施令的权威，并且可以制定和执行带有强制性的政策。第三，要建立处置危机的权威机构和相关体制，提高公共危机管理的科学性。各职能部门应承接相应的危机管理的职能和责任。考虑到危机的多样性，应明确不同政府机构在承担某些特定危机管理工作中的职责，从而形成统一领导、分工协调的危机管理体制。第四，动员全社会参与危机救治，增强社会认同。第五，加强信息流通，增强政府公信力。要建立有效的信息传播系统，做好危机发生时的沟通，避免由于信息不对称导致的负面结果，这是妥善处理危机的重要工作。厦门市政府面对具有讽刺意味的"集体散步"，采取平和疏导，而非暴力劝阻，是值得肯定的。第六，加强构建与完善民主化、科学化的决策体系，拓宽民众参与公共事务的渠道，通过座谈会，采取摇号机制，选取民意代表，官员与群众坐一桌共同商谈，交换意见，相互理解，达成共识。第七，加强与社会非营利性组织的合作。公益组织可以作为公众与政府之间的桥梁，也可以作为反映公众诉求的代表，与政府部门及时沟通，传达意见，使政府尽可能全面地了解民意，减少矛盾。第八，要加强法制建设，使公共危机管理法制化。

4 案例总结

4.1 案例评价

我们常常说中国社会是一个转型社会，这种转型既然处在现代文明的背景之下，就注定了不同于过去任何时代的转型。从根本上说，这样的转型是社会治理模式的转变，即从传统的统治型，转向现代化的公共治理。厦门市民在 PX 项目事件全程中的表现，表明民间内生的力量实在不可低估。如何把民间内生的力量引入公共治理，用以重建秩序，正是当下中国的一个重大命题。

厦门 PX 事件被很多媒体视为中国环境维权运动史上的经典案例，其重要性在与厦门市民成功地突破了合法性的困境，迫使厦门市政府在 PX 项目上的态度发生改变，实现了市民与政府之间的良性互动。厦门市政府虽然对部分厦门市民表达诉求的方式进行了批评，但对专家学者和市民对海沧 PX 项目的环境质量的愿望以及对自身生活环境的美好追求表示了认同，并希望通过正常渠道与之沟通。而且后来厦门市政府在有关环评报告和项目迁址的决策过程中积极主动地吸收公众参与，在 GDP 的经济效益和民意之间选择了后者，极大地提升了政府形象。

4.2 案例中多元主体参与的结构性分析

厦门 PX 事件反映了政府、市场、社会和个人并不仅仅是独立的个体，四者之间存在着不可分割的联系，为了探究四者间的关系，提出以下的因果模型："政府"变量会直接影响"社会"和"个人"变量，"市场"变量也会直接影响"社会"和"个人"变量，"社会"变量又会直接影响"个人"变量。四个潜在变量及其测量指标变量如下：潜在外因变量"政府"的指标变量为"政策制定""政府职能"；潜在外因变量"市场"的指标变量为"契约经济""诚信机制"；潜在内因变量"社会"的指标变量为"公民社会""社会组织"；潜在内因变量"个人"的指标变量为"公民利益""公民权利"。

PA-LV 假设因果模型图如下：

计算估计值以后，因果模型的自由度等于 23，整体适配度等于 21.365，显著性概率为 $p = 0.067 > 0.05$，接受虚无假设，假设理论模型与实际数据之间可以契

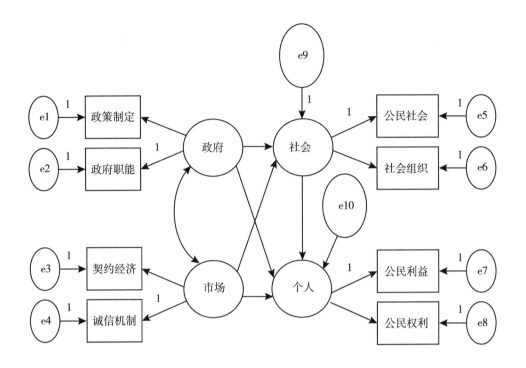

合。再从其他适配度指标来看，卡方自由度比值为 1.639<2.000，RMSEA 值等于
0.051<0.08，GFI 值等于 0.979>0.90，AGFI 值等于 0.943>0.90，NFI 值等于
0.977>0.90，RFI 值等于 0.950>0.90，IFI 值等于 0.991>0.90，TLI 值等于 0.980>
0.90，CFI 值等于 0.991>0.90，均达到模型可以接受的标准。显著性水平为 0.05
时，CN 值等于 262，显著性水平为 0.01 时，CN 值等于 324，模型达到可以适配的
标准。

正式研究数据分析结果表明：第一，在这一案例中，我们采用的计量尺度有较
高的可靠性和有效性；第二，正式研究的数据分析结果基本上支持我们在探索性研
究的基础上提出的所有假设，而且模型和数据的拟合程度较高。研究结论表明，政
府对市场有直接效应，政府对社会有直接效应，政府对个人有直接效应，社会对个
人有直接效应，市场对个人有直接效应，市场对社会有直接效应。

政府可促进市场经济的良性发展，如建立健全相关的制度保障，为契约经济的
发展提供公平的竞争环境。政府可以为社会提供有力的扶持和有效的监管，有利于
推动和促进公民社会和社会组织的进步。政府有责任和义务保障的个人政治权利和
政治利益。

市场扩大了政府的公开透明度，限制了政府权力的扩张，促进了政府的民主管
理和规范。市场为社会发展提供了坚实的经济基础和契约文化，同样市场为作为经

济个体的个人提供了经济利益和经济权利。

社会是个人生活发展的直接土壤，社会为个人生存赋予了价值和意义，社会是个人利益和权利的坚实后盾。

政府、市场、社会和个人四者之间相互协调和影响，在完善自身的基础上同步运行，合作互补，最终实现"善治"的目标。

4.3　案例反思

传统社会治理模式的力量仍然强大，当下中国处在两种治理模式交错的状态中。厦门地方政府在十字路口最终选择疏而不是堵，选择向民意靠拢而不是与民意对抗，选择把民意纳入地方治理，使地方治理更具公共色彩。正是厦门地方政府这个明智的选择，使得整个事件柳暗花明。厦门市民最大限度地参与，媒体最大限度地自由讨论，知识分子在自己的职业范围内提供专业意见，所有这些正常渠道真正启动，才能最终起作用。给别人机会，实际上是给自己机会。厦门地方政府的明智选择，成就了一段佳话，也会成就自己的历史地位，在历史上留下光彩的一页。而历史的这种奖赏，无疑比什么样的现实的奖赏都更有价值，更值得全力以赴。

 思考题

1. 厦门 PX 项目事件让我们联想到现在很多悬而未决的环境与发展问题，经济发展与环境保护的矛盾开始上升为社会冲突的主要形式之一。对此，政府和公民应采取怎样的态度？

2. 有评论指出，厦门 PX 项目事件是一场民意的胜利，对此你怎么看？

3. 政府在公共环境治理中应扮演主体角色，发挥主导作用，然而政府在应对类似厦门 PX 项目事件的问题时的一系列治理行为往往存在缺陷，这些缺陷是什么？其产生的原因是什么？

4. 结合相关材料，谈谈在厦门 PX 项目事件中，大众传媒起到了什么样的作用。

5. 从政府、社会、市场和个人角度出发，谈谈如何维护和改进公共环境，从而最终达到"善治"的目标。

案例教学手册

一、课前准备

在充分了解厦门海沧 PX 项目事件发展过程的基础上，制定明确合理的授课计划，根据相应步骤完善充实所要表达的素材内容。课堂讲义的草拟、幻灯片的制作、师生互动内容的收集等方面，都需要在授课前期完成。在授课的过程中，需要用到丰富的图表、视频等具有直观性的表现素材，这需要在前期的筹备过程中去完善。另外，在课前还需要提前告知学生本次课程的主题，让学生在课前能够充分了解事件、评论事件、提出问题，有利于课堂中的积极讨论。

二、适用对象

公共管理类专业的学生，社会学、政治学等关联学科的学生，以及对此类事件较为感兴趣的个人或群体。

三、教学目标

1. 了解事件，分析问题

对此类以公共环境维护为中心的公共管理事件进行深度剖析，全方位了解事件的进展，多角度听取各相关主体的意见。从政府、企业、市场、个人四个角度分析事件相关主体的不同态度和观点，分析产生这种态度或观点的具体原因，并探寻合理的解决之道。

2. 总结公共危机事件的处理经验

案例中的厦门 PX 项目事件牵涉诸多主体的切身利益，各主体都会为了自身利益展开博弈。对于政府来说，这是一次有关公共环境维护的公共危机事件。公共危机事件的处理是当代公共管理领域内的重点事项，也是比较薄弱的环节。学生通过对此类案例的分析和探讨，要了解政府等行政主体在解决公共危机事件时所应该具备的态度和处理方式。根据厦门 PX 项目事件总结经验、明确职责，可使未来政府对危机事件的处理能够更加系统化、明确化、有效化，在充分考虑各主体的利益相

15

关性的基础上，合理解决产生的问题。

3. 培养学生多元思维能力、正确认识问题和解决问题的能力

厦门 PX 项目事件是典型的政府、企业、市场、个人四方主体围绕公共环境维护相互博弈的案例，其中各主体看待问题的角度各不相同。因此，学生通过对此类事件的分析，要学会主动从多方角度去思考问题，全面了解事件的前因后果，形成自己的评价，从而更好地指导实践。

四、要点分析

1. 案例中的几个关键词

环境污染、PX 项目、多元主体、政府

2. 案例中的相关主体

厦门市政府、企业、厦门市民、媒体、非正式组织

3. 案例的几个特点

（1）进程缓慢，解决问题的时间成本太高，从 2007 年 3 月到 12 月，历时 10 个月。

（2）政府运作存在隐秘性，造成信息垄断和利益表达渠道的缺失。本案例中的 100 多位政协委员打开了一个信息的缺口，为维权提供了一个起点。

（3）维权形式尴尬，厦门市民以"散步"的扭曲形式表达民意。

（4）新兴通信工具的运用促进了民意的聚合与非正式组织效用的发挥。非正式组织成为市民维权的有效的促动力量，现代通信工具塑造了新的利益表达渠道；同时媒体在事件中有较好的定位，处于相对中立的角色，对于客观事实的报道有一定作用。

（5）听证会作用明显。通过听证会，政府最终实现了角色的归位，充当了经济利益和社会利益的协调者。本事件中的听证会，公正性较明显（公开、现场直播），地位比较突出（没流于形式，成为最终决策的主要依据）。

4. 对于当下参与公共事务的思考

市民：市民维护切身利益的意愿是其参与公共事务的根本动力，其参与程度与相关利益个体的数量有关。

政府：政府权力的让渡是公民参与公共事务的直接条件。

新兴媒介：网络等成为公民参与公共事务的主要渠道，是参与途径的间接性（无奈）选择。

5. 对公共事务参与有效性的思考

（1）各主体的自我约束和角色归位。理念是行动的先导，各自角色的定位，是各主体行为合理性和合法性的前提（政府的协调者角色/公民对自身权利的维护和争取/媒介的客观中立）。

（2）建立公益组织，完善其在公共管理中的作用：非正式组织向公益组织的转化，有利于及时合法地表达和彰显公民诉求，增强公民参与公共事务的力度。充当公共利益代言人的作用将会逐渐增大。

（3）改革和重塑政府的绩效考核机制：政府绩效考核机制的完善是促使其在公共利益和自身相对独立的利益间实现平衡的前提。其实质是将利益的格局进行规划，使得政府自身利益诉求的实现途径充分考虑维护公共利益。

（4）完善参与渠道，加强多元监督。地方人民代表大会等正式参与渠道要顺畅、有实效；将听证会、网络互动纳入公共参与途径的应有视野；正式监督和非正式监督要结合。

6. 基于厦门 PX 项目案例的深层思考

（1）环境保护与经济发展问题。国民经济的发展离不开重工业，发展工业不可避免地要消耗资源、排放废弃物，但不是说发展工业，污染就是合理的。实践证明，工业发展与环境保护是辩证统一的。在传统工业发展模式下，经济对环境是一种负回馈关系，而在新型工业发展模式下，经济对环境则是一种正回馈关系。也就是说，在新的发展模式下，可以实现经济发展与环境保护的双赢。经济发展了，可以为环境保护提供强有力的支撑；环境保护好了，经济发展可持续。因此，我们要妥善处理好环境保护与经济发展的关系。可现实情况中，经济发展威胁环境安全的现象层出不穷，环境与经济协调共赢的绿色发展是我们的重要目标。

（2）区域发展规划问题。区域发展规划是关于一定地区的资源开发利用、环境治理保护与控制、生产建设布局、城乡发展以及区域经济、人口、就业政策的综合性规划。区域发展规划是一种包括区域发展基础评价、区域发展的方向目标与战略布局、工业布局规划、农业布局规划、人口与城镇体系规划、基础设施规划、环境治理保护规划等方面的综合规划，它的合理性和合法性均是必要条件，二者缺一不可。

（3）政府审批责任问题。政府审批是我国经济正常发展和社会进步的重要影响因素，在确定审批合理的边界的前提下，要明确政府审批责任，不断进行制度创新，落实各项配套改革措施，建立科学、合理、高效、廉洁、公正、透明的地方政府审批制度。

（4）公共权力问题。所谓公共权力，是指在公共管理的过程中，由政府官员及其相关部门掌握并行使的，用以处理公共事务、维护公共秩序、增进公共利益的权力。从本源上讲，公共权力来源于人民。公共权力的产生是为了维护社会公共秩序，增进社会公共利益。公共权力的运行过程实际上就是把权力的运行机制应用到经济、社会公共事务的管理之中，进而实现一定的经济、社会目标。公共权力是一种特殊的权力形式，它是为适应社会生活的需要，满足社会需求，处理公共事务而产生的。为了充分发挥公共权力的效用，满足人类社会的需求，而又能限其于合理的范围内，有必要从法律的角度理解和认识公共权力。

（5）政府公共危机管理问题。公共危机是指在政府管理国家事务的过程中，突然发生的如地震、流行病、经济波动、恐怖活动等对社会公共生活与社会秩序造成重大损失的事件。在公共危机发生越来越频繁的今天，一个国家要减少危机的发生，减少危机造成的损失，提高政府应对危机的效率，必须建立系统的危机管理机制。有效的危机管理机制，能够将政府的危机管理纳入一个有序、规范的轨道，保证政府在危机发生时能在最短的时间内有效调动社会资源，将危机带来的损失减少到最低限度。

五、课堂安排

1. 案例回顾

用大约 30 分钟的时间进行厦门 PX 项目案例回顾，在回顾过程中用视频播放器和音频播放器播放相关的新闻报道和案例解读座谈。

2. 案例设问

在案例回顾结束后，向学员提出 3~5 个相关问题。将学员分成若干组，不同的问题由不同的组回答。

3. 案例讨论（第一次）

案例设问后，引导学员进行第一次课堂讨论。课堂讨论利用小组讨论的形式，由不同的组回答不同的问题。所有小组回答完毕后，进行共同讨论，各小组可针对其他小组所回答的内容进行提问和反驳。

4. 教师点评（第一次）

教师对各小组回答问题的情况及辩论环节相关论点进行分析点评。

5. 案例深化

教师对本案例进行深化，向学员提出 2~3 个与案例有关的深层问题。

6. 案例讨论（第二次）

引导学员进行第二次课堂讨论，此次讨论不分组，自由讨论，结束后如有争论，继续进行辩论环节。

7. 教师点评（第二次）

教师对学员回答问题的情况及辩论环节相关论点进行分析点评。

8. 教师总结

教师对厦门 PX 项目案例所反映的要点进行全面总结，并向学员提出今后学习的相关建议。

六、其他教学支持

1. 计算机支持

（1）Microsoft Office 软件 Word、Excel 和 PPT 的全面运用。

（2）本案例还运用了结构方程模型 SEM，这是一种基于变量的协方差矩阵来分析变量之间关系的统计方法，可分为测量方程和结构方程两个部分。测量方程用来描述潜变量与指标之间的关系，结构方程用来描述潜变量之间的关系。本案例运用的结构方程软件 Amos 全名是 Analysis of Moment Structures，由 James L. Arbuckle 所发展，自从 6.0 版以后已经成为 SPSS 的家族成员。Amos 适合进行协方差结构分析（Analysis of Covariance Structures），是一种处理结构方程模型（Structural Equation Modeling, SEM）的软件。SEM 适用于处理复杂的多变量数据的探究与分析。Amos 可以同时分析许多变量，是一个功能强大的统计分析工具。Amos 以可视化、鼠标拖曳的方式来建立模型（路径图），表示变量之间的关系，从头到尾不必撰写程序指令，一气呵成，提高了数据分析的效率。同时，利用 Amos 所建立的 SEM 会比标准的多变量统计分析还来得准确。Amos 还可让我们检验数据是否符合所建立的模型，以及进行模型探索（逐步建立最适当的模型）。

2. 视听辅助手段

教学过程中使用影音播放器。影音播放器支持本地播放与在线视频点播，其在案例教学中的使用让学员获得了充分的案例视听资料。

公共废物治理

——泰州天价环境修复费案例分析

摘要： 江苏常隆化工有限公司等 6 家企业将企业生产过程中产生的废酸等危险废弃物总计 25 934.795 吨，交给没有废物处理资质的公司偷排入河流，造成水体严重污染。泰州市环保联合会对此提起民事公益诉讼，泰兴市人民法院一审和江苏省高级人民法院终审均判决 6 家企业赔偿环境修复费用 1.6 亿元。本案例对案件的全过程进行了简要的回顾，梳理了江苏省泰兴市、泰州市两级人民法院、检察院在案件中的角色和作用，分析了这起案件中相关政府部门在面临环境案件时是如何整合和协调的。环境污染案在很多地方出现，但是却较少得到合理的处置。因此，对该案例的剖析具有普遍的分析和借鉴意义。

关键词： 环境污染 泰州天价环境公益诉讼案 政府部门 法院 检察院

江苏常隆化工有限公司等 6 家企业因违反《中华人民共和国环境保护法》和危险废物管理的相关规定，将其生产过程中产生的废酸、废硫混合物等废物以每吨 20~100 元不等的价格，交给没有废物处理资质的贸易公司偷排进泰兴市的河里，导致河水严重污染。2014 年 8 月，泰州市环保联合会对此提起民事公益诉讼。

2014 年 9 月，江苏省泰州市中级人民法院一审判决，常隆等 6 家企业按照倾倒废酸的数量比例，共同赔偿环境修复费 1.6 亿元，用于泰兴地区的环境修复，并付鉴定评估费用 10 万元。其中 4 家企业向江苏省高级人民法院提起上诉，2014 年 12 月，作出终审判决，除了判决履行期限外，基本维持一审判决。

泰州天价环境公益诉讼案备受关注。这是一个什么样的案件？政府部门在其中发挥了什么样的作用？这个案件胜诉的依据是什么？

1 案例前言

1.1 废酸相关知识简介

在此次事件中，江苏常隆化工有限公司等 6 家企业将企业生产过程中产生的废酸等危险废弃物排入河流，造成水体严重污染。废酸是一种含有有毒元素的化学物品，是化工企业在生产过程中产生的盐酸、硫酸等副产品的统称。废酸即便经过酸碱中和后达到了国家和地方的标准，也会存在贵金属超标的可能性。废酸有一定的使用价值，在化工、钢铁等行业中被广泛应用。企业若将废酸销售，可以从中获得合法的经济收益；废酸若不经过处理而随意排放，会给当地的环境带来严重污染。在废酸市场上，废酸的价格高低不定，价格高的时候可以达到几百元一吨，但是在价格低时，这些废酸不仅卖不出去，而且大量的积压还会影响到主产品的生产。比如在 2012 年，全国的盐酸、硫酸市场不景气，导致废酸被大量积压。处理废酸的价格高昂，一些企业迫于生存的压力引进设备，按规定的要求达标排放；而一些企业却违规违法地排放，偷倒废酸。近年来，倾倒有害废弃物的事件被媒体不断曝出，引起了人们的广泛关注。此案件中被倾倒入河里的工业废品中的物质之一便是废酸。

1.2　我国的废酸排放管理

倾倒工业废品的违法事情已经屡见不鲜，但是造成的环境污染却往往不被政府部门重视。我国各个省市的发展情况不同，特别是在化工产业的发展程度，化工公司的规模和数量上存在很大的区别。在这种情况下，对废酸的处理，不同的地区有不同的排放标准和处罚标准。各地根据自身的实际情况，制定相应的标准，对废酸的排放进行管理。但实际上，违规排放的现象还是经常发生。政府的治理往往只起到短期的作用，治标不治本。违规排放废酸，造成了很多地区的环境问题。

2　天价环境公益诉讼案

2.1　起因

泰州在江苏中部，地处长江北岸，长江三角洲北翼，是江苏中部几条重要航道的交汇处。泰兴市是隶属于泰州市的一个县级市，市内有多条大大小小的河流，其中有多条河流流向长江。在市内有不少化工企业，保护河流水质不受化工企业的废水污染是当地政府的职责所在。

2012 年初，泰兴市环保局接到举报电话，举报人称泰运河河水散发刺鼻气味，怀疑河水已被污染。在接到电话后，环保局派人暗中巡查企业的偷排现象。其多次派出工作人员督查河水污染的情况，但是都一无所获，并没有查到举报电话所称的河水被污染的偷排行为，也没有找到泰运河河水散发气味的原因。

在这样的疑问之下，2012 年底，当地的媒体拍到一辆运送危险化学品的槽罐车开到河边后停下。这辆槽罐车以一艘船为掩护，偷排人员将车内的液体通过运输管排入船内，污水再经由船流入河里。这一新闻播出后，引起了环保局的重视，工作人员认为这可能就是泰运河河水散发刺鼻气味的原因，于是开始寻找这艘船的踪迹，但是这艘船在新闻播出后就没有了任何的消息。

2013 年 2 月，这艘船的踪迹终于再次出现，于是环保部门派人定点蹲守。在 21 日晚上 11 点多，在夜幕之中，一辆槽罐车出现。环保部门抓准时机上前将违法人员抓获。执法人员经查后发现，排放的液体先经船后流入古马干河。环保工作人员将当时的河水装入瓶中并带回环保检测局进行检测，检测后发现污染物成分为盐酸。

公安机关进入调查中，调查结果显示从 2012 年 1 月到 2013 年 2 月期间，排放的污染物数量达 25 900 多吨。偷排入河流的污染物来自 6 家企业，分别是江苏常隆农化有限公司、泰兴锦汇化工有限公司、江苏施美康药业股份有限公司、泰兴市申龙化工有限公司、泰兴市富安化工有限公司、泰兴市臻庆化工有限公司。这 6 家企业以每吨 20~100 元不等的价格，将危险废弃物卖给没有处理资质的贸易公司，由后者偷排入河流。

2014 年 8 月，泰兴市检察院以污染环境罪，起诉追究戴卫国、蒋巧红、王长明等 14 名犯罪嫌疑人的刑事责任。经法院判决，戴卫国等 14 人因犯环境污染罪被处有期徒刑 2 年 3 个月至 5 年 9 个月不等，并处罚金 16 万元至 41 万元不等。

2.2 谁来起诉？

这起环境污染的事件，排放的污染物数量达 25 900 多吨，泰州市人民法院认为此次事件特别恶劣，对环境造成的污染太过严重，仅仅对排放废酸的违法人员进行处罚，无法弥补对环境污染所造成的损失。而且企业是此次事件的污染源，应该承担相应责任。

泰州市检察院随即与环保局商量，希望环保局能向造成污染的化工企业提起公益诉讼。相关法律法规在环境公益诉讼案的主体上，指出，有关环境保护方面的公益性诉讼，在由于自然人、法人或其他组织的行为使环境公共利益遭受到损害时，法律允许其他的法人、自然人或社会团体为维护公共利益而向法院提起诉讼。因为环保局是一个行政管理部门，不能以原告的身份提起环境公益诉讼，所以需要成立一个第三方的公共组织，让这个公共组织来提起诉讼。于是泰州市环保联合会在环保局的推动下成立了，环保局局长担任主席，环保局副局长担任秘书长，指导联合会内的相关事务。

2014 年 8 月，泰州市环保联合会向泰州市人民法院对江苏常隆农化有限公司、泰兴锦汇化工有限公司、江苏施美康药业股份有限公司、泰兴市申龙化工有限公司、泰兴市富安化工有限公司、泰兴市臻庆化工有限公司 6 家企业提起了环境污染公益诉讼。

2.3 请相关机构和专家进行分析和评估

在以往的环境污染案件中，取证难、监测费用过高的问题给案件的审理带来了相当大的困难。但是在泰州的这起污染案件，却成功地解决了这个问题。泰州市环保局的工作人员在抓到槽罐车偷偷排放废弃物时，就对被污染的河水及时取样，并带回环保检测局检测。泰兴市环境监测站对因倾倒废物而受到污染的水体进行了采样监测。在环境监测站的采样监测结果出来后，江苏省环保厅认为相关监测的数据符合环境监测关系体系及技术规范要求，出具了对监测数据的认可文书。

泰兴市、泰州市、江苏省几级环保部门及其下属监测机构，给予水质监测和基数认定方面的协助。公安机关就刑事犯罪对案件做了详细的调查，有大量的口供和物证。在法院进行审理时，这些口供和物证被作为素材，推动了案件的进展。

江苏省环境科学学会受当地检察院和环保局委托，出具了评估鉴定性质的技术报告。在报告内容中，若将这些废酸进行科学、合理、无害化的处理，那么处理每吨的废酸需要花费金额 700 元到 1700 元不等。如此高昂的处理费用，让很多公司望而却步，从而采取了通过贸易公司排放污染物的方法。在废酸的价格上，这 6 家企业以每吨 20~100 元的价格将其卖给没有处理资质的贸易公司。即使企业给贸易公司每吨 100 元的补贴，再加上废酸买卖的金额，也不足以对废酸进行无害化处理。①

贸易公司是以营利为目标的经济组织，在正常的情况下，贸易公司不会自掏腰包做赔本的买卖，因而在高昂的处理费面前，不会去做无害化的处理，为了营利选择将这些废酸倒入河里。这样做，一方面以极低的成本处理了废酸，另一方面通过化工企业的排污费和补贴费获取了非法的经济利益。高额的废酸处理费用的存在，使得倾倒废酸的行为在化工企业和贸易公司之间心照不宣，化工企业与倾倒废酸所造成的污染行为构成了因果关系。

这 6 家公司纷纷辩解对贸易公司将污染废弃物排放到河里的情况并不知情，而戴卫国、蒋巧红等贸易公司的犯罪人却表示，企业与贸易公司对怎么处理污染物彼此心照不宣。贸易公司的老板在接受警方的讯问时说，化工企业以低价将废酸卖给贸易公司，这实际上是个幌子，化工企业为了规避责任而和贸易公司签订合同，将这些废酸卖给贸易公司后，化工企业知道肯定有一部分的废酸是向长江里倾倒的。

泰州市法院认为这 6 家企业给 4 家贸易公司提供了污染源，将废酸交给无危险废物处理资质的单位偷排，其补贴销售行为让这 4 家贸易公司从中获得了非法的经

---

① 《新闻调查：揭"天价环境公益诉讼案"始末》，http：//m. news. cntv. cn/2015/02/14/ARTI1423925585223896. shtml，2015 年 2 月 14 日。

济利益，导致水体严重污染，损害了公共利益，应承担污染损害赔偿责任。因其销售行为和环境污染构成了因果关系，所以这 6 家企业是造成环境污染的直接原因，这 6 家企业应该作出相应的赔偿。①

2.4 如何对赔偿金额进行计算？

由于政府内部人员的环境污染专业知识不足，于是法院特聘大学环境学教授作为专家辅助人提供技术辅助。在案件审理中，专家出庭就环境生态专业方面的技术性问题进行解释和说明。在赔偿金额方面，也参考了专业人士的意见。让专业机构参与案件审理，一方面解决了政府相关人员专业知识不足的问题，另一方面符合环境案件专业性和技术性的特点。

如何计算出合理的赔偿金额，专业人士的意见非常的重要。泰州市人民法院由此请来吕锡武专家。由于河水处于流动状态，污染物对河流和下游的生态区域的影响处于扩散状态，很难去计算具体的污染数据，所以赔偿的费用采取的是虚拟治理成本法。吕锡武分析，倾倒在河中的废酸不仅仅是强酸类的危险品，还含有高浓度的有机物，因此对这些废酸进行无害化处理的成本高昂。吕锡武计算，如果对25 900 吨的废酸进行无害化处理，则需要花费 3 662 万元。而如果要将 25 900 吨的废酸所污染的河水修复为三类的水质，需要的费用为计算出来的虚拟成本的 4.5 到6 倍。泰州市法院选取了最低的系数 4.5 倍，经过计算赔偿金额为 1.6 亿元。②

由此，2014 年 9 月，泰州市法院作出判决，判令江苏常隆农化有限公司、泰兴锦汇化工有限公司、江苏施美康药业股份有限公司、泰兴市申龙化工有限公司、泰兴市富安化工有限公司、泰兴市臻庆化工有限公司这 6 家企业按照倾倒废酸的数量比例，共同赔偿环境修复费 160 666 745.11 元。

部分企业认为倾倒的废酸已经随河水流走，对河水造成的危害已经消失，所以不应该承担巨额的修复费用。于是 4 家企业向江苏省高级人民法院提起上诉。

2.5 天价环境诉讼终定夺

2014 年 12 月，江苏省高级人民法院对此案作出终审判决，维持了一审判决的1.6 亿元的高额环境修复赔偿金。但是在企业支付赔偿金的具体履行上，一方面允许企业申请延期一年缴付 40% 的赔付资金；另一方面在实地勘探和可行性论证的基础上，引导企业通过实施技术改造，对产生的副产品和废物循环利用，降低环境

---

① 别涛：《泰州"天价环境公益诉讼案"的成功探索》，《中国环境报》2015 年 1 月 14 日。

② 别涛：《泰州"天价环境公益诉讼案"的成功探索》，《中国环境报》2015 年 1 月 14 日。

风险。同时规定，如果技术改造产生实际效果，且在一年内没有因环境违法行为受到处罚的，其已支付技术改造费的企业，用于技术改造的费用可以凭环境行政主管部门出具的企业守法情况证明、项目竣工环保验收意见、技术改造投入资金的财务报告和资金审计报告，向泰州市中级人民法院申请延期支付在40%额度内抵扣的赔付金额。①

2.6　1.6亿元赔偿金的归处？

赔偿金如何使用，是广大人民群众所关心的问题。司法上的解释是，环境修复费用、生态环境受到损害至恢复原状期间服务功能损失等款项，应当用于修复被损害的生态环境。也就是说，这些款项不能交给泰州市环保联合会。目前国内还没有一个完善的环境公益诉讼赔偿资金管理制度，各地方法院对赔偿金的做法不同。有的地区是在当地政府的支持下设立专项账户，有的地区是政府国库监管使用，还有的地区是由环保局或是法院监管使用。本案判决的天价罚单主要用于直接受到污染水体的修复，其余部分纳入法院指定的地方相关环保专项资金，用于区域性环境治理。②

据有关媒体报道，1亿元用于治理和修复，6000万元用来预防进一步可能发生的污染。相关被污染河道的生态环境已经遭受损害，需要及时修复。同时，大量副产酸的无序流转，造成了极高的环境污染风险，需要采取预防措施以避免污染再次发生。③

3　案例分析

3.1　责任归属

泰州市相关政府部门在该环境污染的案件被媒体曝光后，积极地进行调查，不忽视案件背后的因果联系，承担起了保护当地环境的责任。其在对这个案件进行了相关的调查和其他方面的工作后，通过法院审理对涉案的企业和相关人员作出了惩罚。泰兴市的河流属于公共物品，它具有非竞争性和非排他性。6家企业通过贸易

---

① 《环境公益诉讼迈出一大步 专家评析泰州"天价赔偿"案》，http://news.163.com/15/0124/08/AGNASVS800014SEH.html，2015年1月24日。

② 《1.6亿元环境公益诉讼案示范作用显现》，http://theory.people.com.cn/n1/2016/0106/c49154-28018432.html，2016年1月6日。

③ 《1.6亿元环境公益诉讼案示范作用显现》，http://theory.people.com.cn/n1/2016/0106/c49154-28018432.html，2016年1月6日。

公司往河流中偷排废弃物是"搭便车"的行为，企业和贸易公司通过这种行为牟取了非法的经济利益。河流这种具有非排他性和非竞争性的产品受到损害后，在市场失灵的情况下，难以依靠全国的或当地的市场力量去调节和治理，因而需要泰州市政府这只看得见的手进行宏观调控。在这个时候，如果政府对环保责任视而不见，就是忽视公共利益，也是没有履行好宏观调控的职能。人们生活在泰州市这个大环境中，把环境的治理权委托给了当地的政府。政府对当地的环境保护承担着首要的责任，保护当地人民的合法权益是政府的职责所在。政府必须把与人们生活息息相关的环境公共利益放在重要的位置。

泰州市环保局推动了泰州市环保联合会的成立，使天价诉讼案有了合适的申诉主体。在环保联合会成立的初期，环保局承担起培育第三方环境公益组织的责任，市环保局局长和副局长分别担任主席和秘书，指导环保联合会参与诉讼案。江苏省相关的人民法院、检察院、公安机关、各级环保部门等都承担起了保护泰兴市环境的责任。在对倾倒废酸的违法人员作出惩罚后，泰州市检察院认为还应该让涉事的企业作出民事赔偿。没有忽视背后的因果联系，对这起案件认真负责的态度，说明检察院认识到了维护环境公共利益的重要性，把公共利益放在了重要的位置。政府部门不能忽视商业交易背后的幌子，只有从"源头"上治理，才能起到惩罚企业的作用。

泰州市人民法院希望对造成污染的企业进行民事赔偿处罚的初衷，不仅间接推动了泰州市环保联合会的成立，也是接受环保联合会诉讼的原因之一。在这起案件审理的前一年即 2013 年，全国法院没有受理过一起环境公益诉讼案，即使是环保部下属的中华环保联合会也被各地法院拒绝立案。而泰州市人民法院以公共利益为先，把环境保护的责任放在重要的位置，不仅接受了环保联合会的申诉，还作为支持起诉机关出席了江苏高级人民法院的庭审。

政府相关部门间的合作体现了对公众负责的精神。泰运河等河流被污染后，河流水质变差，有些河流还散发臭味。对生活在当地的人们来说，这影响了生活环境的质量，损害了他们的公共福利。江苏省环保厅和江苏省、泰州市、泰兴市几级环保部门承担着保护环境不受侵害和监督企业的责任，在案件的审理中发挥了重要的作用。其中江苏省环保厅出具监测认可文书，江苏省、泰州市、泰兴市几级环保部门及下属监测机构给了水质监测和基数认可方面的协助。相关部门间的合作，保护了公共环境。

这样的一起案件中，当地政府所表现的开放的态度、认真负责的行为，提升了泰兴市、泰州市政府的公信力，让人们看到政府在环境治理上是有所作为的。

3.2 整合与协调

各级法院、检察院在保护环境方面有价值上的认同，目标一致，即要对造成污染的 6 家企业进行惩罚。实现目标采取的手段是公益诉讼——"公堂对决"的方式。价值上的认同、目标上的一致，使得劲儿往一处使，更容易实现公共目标。各部门之间的合作把公共利益放在了重要的位置，没有忽视污染源企业的作为。从对违法企业进行审理前，认识到仅仅对贸易公司的违法人员作出处罚不足以弥补25 900多吨的废物造成的环境损害，到案件终审后，将 1.6 亿元的费用用于公共环境的治理，都体现了对公共利益的重视。

各级检察院、法院、环保部门、公安机关等并没有在发现问题后，各自为政，用忽视的态度面对 6 家企业造成污染的事实，而是积极合作。公安机关通过对偷倒废酸的案件进行详细的调查，掌握了大量的口供和物证，并在案件的审理中提供出来；泰兴市、泰州市、江苏省几级环保部门及其下属机构在水质监测和基数认可方面给予了协助；泰州市人民检察院作为支持起诉机关出席庭审，等等。各部门都为案件的审理伸出了援助之手，推动了案件的发展。

部门之间的对话交流在合作之中显得特别重要。众所周知，在这起泰州天价环境公益诉讼案之前，各地的环境污染案件难以立案，或难以得到合理的处置。而这起案件不仅仅被受审，而且得到了法院、检察院等各级政府部门的支持。泰州市检察院主动找环保局商议，希望能让此次案件中的化工企业作出民事赔偿。检察院与环保局之间的交流，促使泰州市环保联合会成立，使得这个案件有了提起公益诉讼的主体。

专家、第三方组织也积极参与到这起案件之中。泰州市环保联合会作为第三方公共组织提起了诉讼。专家不仅出庭就生态专业方面的技术性问题进行了解释说明，也对案件中的赔偿金额的计算给出了建议。

取证难、监测费用过高并没有给这起案件的审理造成障碍。泰兴市环境监测站对受到废酸污染的水体进行了采样监测，公安机关在取证上也发挥了作用。当地的检察院和环保局委托江苏省环境科学学会作出鉴定性质的报告。江苏省环保厅出具监测认可文书。这种多部门、多组织间的合作，解决了取证难和第三方组织无力负担监测费用的问题。

政府相关部门之间的整合与协调，推动了案件的进展，并最终取得胜诉。这起案件中政府部门的行为体现了交流合作的态度与精神。

3.3 案件的社会意义

法院的开放态度，以及法院和检察院的领导对环保理念和社会责任的高度认识，都使之承担起了保护环境的责任。在我国，不少企业和政府部门环保理念和社会责任的缺失，使得当地的环境污染与治理一直在一个怪圈里面徘徊。提升企业和政府组织的环保理念，传输社会责任感，是环境治理中的一个重要的对策。

在环境专业知识缺乏的情况下，积极邀请专业机构和专业人员提出建议，弥补了政府工作人员专业上的不足。在案件的审理中，邀请专家出席解释和说明环境生态方面的专业性问题，使得案件审理的过程更加科学合理。1.6亿元的天价赔偿并不是随意给出的数字，而是请专家用科学合理的方法计算得出的。从专业的角度出发，给出令人信服的建议，而不是似是而非，模棱两可。法院依据专家的意见和建议作出决策，这样更符合环境公益诉讼案专业性和技术性的性质，也更能让大众和企业信服。

环境公益诉讼案在我国较少得到合理的处置，这与部分政府部门敷衍、随意对待环境污染案件的态度是分不开的。本案例中的政府部门目标一致，在案件审理的过程中积极配合和合作，达到了惩罚违法企业的目的。政府部门应该在案件的审理中加强各部门间的合作，给予公共组织适当的帮助，齐力推动环保事业的发展。

1.6亿元的天价赔偿费用，也是对还在暗中偷排废弃物的企业的警告。不能因为造成污染的废弃物已随河水流走，其对环境的危害无法估量，而对违法企业的行为睁一只眼闭一只眼，忽视公共利益。现在仍然有不少企业通过将污染物排入河中、地下、土壤里等各种方式来破坏公共环境。若污染行为被发现，有关部门则对污染企业进行罚款查处。但是污染现象依然再次发生，然后再污染、再查、再治理，这种治标不治本的方法使得环境的承受能力越来越差。不合理地排污，就应该让企业付出高昂的代价。在惩罚企业的方式上不能仅仅采取罚款的方式，还应该引导企业安装污水处理设备及改进环保技术。

泰州市和江苏省的检察院明确支持第三方环保公益组织维护公共环境的态度，是一种积极向上的环保正能量。一方面惩罚和教育企业，另一方面促使企业达规排污，以及增强环境保护的意识。案件的进展及最终胜诉，对其他地方的环境维权，有着积极的影响。公安机关、环保局、环境科学学会、检察院、法院等部门之间的合作与协调，也对今后的环保案件有着重要的参考作用。

4　案例总结

4.1　案例评价

泰州市政府部门承担着保护当地环境的责任，也承担着维护公共利益的责任。本案件中的政府部门，有着较强的环保意识和社会责任感，将保护环境的责任扛在肩上，并付诸行动。如环保局在接到河里散发刺鼻气味的举报电话后，并没有选择忽视，而是暗中进行调查；泰州市检察院并没有因已对偷排的人员进行了惩罚而选择忽视企业的违法排污行为，既没有忽视商业交易背后的幌子，也没有对此睁一只眼闭一只眼，而是采用公堂对决的方式，合理惩罚。从"源头"上揪起违法主体，抓住案件背后的因果联系，对这起案件认真负责，说明案件中的政府各部门认识到了维护环境公共利益的重要性。

案件中的政府部门在保护环境方面有价值上的认同，都认为应该对造成污染的企业进行惩罚。政府部门间的交流与合作，第三方组织的加入，专业机构和专家的参与，推动了案件的发展。通过这种交流与合作，跨过了取证难、监测费用过高的障碍。

惩罚、关停违法企业不应该是法院审理环境污染案件的最终目的。企业是创造社会财富、创造社会就业的重要主体。企业为一己私利破坏环境的行为，更多的原因是企业没有维护公共环境的意识。引导被处罚的化工企业通过引进设备或技术改造，对废弃物进行循环利用，是环境治理中的重要举措。

我国的一些环保组织将案件提交到法院后，不少法院都没有受理，这极大地打击了第三方环保组织的信心。但是环保组织还是应该勇于承担起环保责任，为当地的环境维权贡献力量。在第三方环保组织自身弱小的情况下，政府部门对环境公益组织是否认可，对环境公益案是否重视，是案件能否取得进展的一个重要因素。这起案件的胜诉，不仅激励了环保组织进行环境维权，也说明了政府部门间合作的重要性，提升了泰州市政府部门的公信力。

4.2　案例反思

江苏省各级人民法院、检察院在环保上有一致的价值观，重视维护公共利益，这是我国很多政府部门在环境公益诉讼案中所缺少的品质。相关的政府部门在发现问题后，应该及时提出，并与其他部门交流，不能为了本部门的利益，而忽视案件后面的因果联系。在推动案件发展的过程中，各政府部门应该把公共责任始终放在最重要的位置，相互协调并加强合作。在环保公益组织遇到难题时，应适时伸出援助之手。在技术性、专业性问题面前，应该邀请相关专家和专业机构，参考专家的意见和专业机构的建议，给出公正合理的判断。

环保公益组织作为重要的第三方组织，是社会组织中不可缺少的重要组成部分。在理论上，环保公益组织在监督环境、治理环境污染中应该发挥重要的作用。但是在我国的现实情况下，环保公益组织自身的力量太过弱小，发挥作用的地方也很少。在环境公益诉讼案中，更多是依赖于政府的力量。这起案件中，政府依然是推动案件发展的主要力量，第三方组织是依赖政府的帮助而获得胜诉的。

环境保护的出发点应该是预防污染事件的发生，对违法排污企业应该着重于增强其环保意识和社会责任感，而不是着重于污染后的惩罚。法院在判决中应该考虑到市场状况，尽可能预防污染损害再次发生，引导企业引进处理设备，更新生产技术。

经济的发展和社会环境的变迁，对政府组织提出了更高的要求。政府相关部门应该增强自身的环境保护意识和社会责任感，以维护公共利益为目的，加强各部门间的整合与协调。还应该大力支持第三方环境公益组织的发展，使之能在环境公益诉讼案中挑大梁。未来的环境治理和修复，不能仅依赖政府组织的力量。

 **思考题**

1. 不法企业倾倒废弃物污染环境却未受到惩罚的现象并不少见，而泰州的这起环境公益诉讼案却赢得了 1.6 亿元的天价赔偿费，为什么？本案中，法院和检察院起到了什么样的作用？

2. 政府应如何引导和鼓励企业主动实施环保技术改造？

3. 在环境污染事件中，起诉易遭遇取证难、立案难等困境，需要职能部门提供相关的数据。在本案中，政府相关部门是如何做的？

4. 分析本案中政府各部门是如何进行协调与整合的。

5. 我国的一部分环境污染事件一直在污染、治理、再污染、再治理的怪圈中徘徊，这是什么原因？政府应该采取什么样的对策？

6. 部门间横向联系不足会影响政府工作的效率，如何对政府部门进行整合与协调，来解决政府治理分散化和碎片化的问题？

案例教学手册

一、课前准备

准备案例的相关图片及新闻视频资料，并与相关的理论和案例分析整合一起，做成 PPT。在上课前，让学生对近年来的环境污染案件有初步的了解，并思考政府在环境污染案件中该如何做。预习多元治理理论，思考政府部门的责任、整合与协调。

二、适用对象

公共管理专业的本科生和研究生，以及对此类事件感兴趣的个人或群体。

三、教学目标

让学生了解这一案件的全过程，引起学生的兴趣。

分析胜诉的原因。不少的环境污染案在提起公益诉讼后却没有被受理，或者没有得到合理的处理，使当地的环境陷入污染后治理—再污染—再治理的怪圈。了解这个案件胜诉的原因，可以让学生在其他环境污染案件中举一反三。

了解引导和鼓励企业主动实施环保技术改造的意义何在。现在，仍然有不少的企业缺乏环境保护的意识，不主动更新生产设备，这不仅是降低生产效率的问题，大量的工业废水排入地下或水里会造成严重的环境污染。因而，增强企业的环境保护意识，是环保路上的重要一步。法院在终审判决上引导企业实施技术改造，这是本案的亮点所在。

分析泰兴市、泰州市、江苏省政府相关部门之间的交流与合作之处，以及政府相关部门对第三方环境公益组织的支持和专业机构的有效参与的作用。泰州市环保联合会作为第三方组织，是这起案件中的申诉主体，但是在案件发展中起主要作用的还是法院、检察院等相关部门。环境公益诉讼案件具有专业性和技术性的特点，请专家和专业机构参与弥补了政府工作人员专业上的不足。

明确政府相关部门在这个案件中的角色和功能。在这次事件中，政府相关部门、专业机构和专业人士、第三方组织都发挥了重要的作用。不同的主体所发挥的作用不一样，而相关部门之间的整合与协调，使得案件进展顺利。

通过此类事件，引导学生从不同主体的角度去分析问题，并结合各主体的行为分析其整合与协调之处。培养学生学会从客观的角度分析此类问题，并结合现实思考政府在公共废弃物处理上应该如何去做。

四、要点分析

1. 案例中的几个关键词

环境污染、泰州天价环境公益诉讼案、政府部门、法院、检察院

2. 案例中的相关主体

泰州市、江苏省人民法院和检察院，泰兴市、泰州市、江苏省各级环保部门、公安部门，第三方环境公益组织，专业机构、专业人员，企业等

3. 案例要点

（1）政府部门的环境保护责任。

整体性治理以公众为中心，将公民的实际需求作为出发点和落脚点。政府必须把与人们生活息息相关的环境公共利益放在重要的位置，对公众负责。河里散发的刺激性气味，影响到了当地人们的生活。媒体的报道，使当地的人们知道了有企业在河中排污的事情，也让环保局意识到了问题的严重性。政府要对环境负责、对人民群众负责，就应该积极地调查，解决问题，惩罚违法排污的企业。

政府相关部门承担起环境保护的责任，采取公堂对决的方法对违法企业进行审判，是一种理性的行为。环境资源作为公共物品，具有公共物品的两个特点，即收益的非排他性和消费的非竞争性。正因为环境资源具有这种公共物品属性，它不能被进行清晰的产权界定，也就很难对其进行有效的监督制约，导致一些企业违法排污的"搭便车"现象。泰兴市的河流是一种公共物品，它具有非竞争性和非排他性。6家违法企业通过贸易公司往河流中偷排废弃物的行为，实质上就是"搭便车"。而这种行为已经影响到了人们的生活，也对环境造成了严重的污染。

江苏省、泰州市、泰兴市政府相关部门和第三方组织都承担着保护当地环境不受侵害和监督企业的责任。政府对当地的环境保护承担着首要的责任，保护当地人们的合法权益是政府的职责所在。不少企业或个人利用环境资源牟取私利，在市场上却少有人愿意主动投资保护环境资源，导致环境治理不能通过市场自由交易实现，最终出现"市场失灵"。在市场失灵的情况下，不能任由环境被随意破坏，因而需要政府这只看得见的手进行宏观调控，即需要政府相关组织出面对违法企业作出惩罚。

（2）政府相关部门之间的整合与协调。

整体性治理主张政府内部机构和部门间的整体性运作，以协调、整合和责任为机制，利用信息技术对碎片化的治理层级、治理功能、公私部门关系进行有机整合。逆碎片化治理、一站式服务、重塑公共责任、重新整合、跨部门协作、以时间结果为导向是它的理论内涵，协调与整合是它的核心价值体现。

江苏省、泰州市人民法院、检察院在保护环境上存在着价值上的一致性。法院的开放态度，以及法院和检察院的领导对环保理念和社会责任的高度认识，使其目标一致，即让造成污染的6家企业付出应有的代价。其认可实现目标的手段是公益诉讼。价值、目标上的一致，使得劲儿往一处使，这是实现目标的一个重要条件。

整合意味着实现这样一种政府部门间的互动关系：不是将几个部门简单地拼凑在一起，而是实现部门间价值上的趋同，从而达到目标与手段之间相互促进的境界。本案中政府部门对环境保护有着价值观上的认同，希望通过"公堂对决"的手段让违法企业作出民事赔偿。法院、检察院等政府部门都把公共利益放在了重要的位置。

协调是为了有效实现组织目标和提升组织整体效能，对组织内外各单位和成员的工作活动和人际关系进行协调，化解矛盾，使之权责清晰、相互配合、相互适应的行为。检察院与环保局之间对提起环保公益诉讼的事宜进行了商议；公安机关对偷倒废酸的情况进行了详细的调查，掌握了大量的口供和物证，并在案件的审理中提供了出来；泰兴市、泰州市、江苏省几级环保部门及其下属机构在水质监测和基数认可方面给予了协助；泰州市人民检察院作为支持起诉机关出席庭审；泰兴市环境监测站对受到污染的水体进行了采样监测；当地的检察院和环保局委托江苏省环境科学学会作出鉴定性质的报告；江苏省环保厅出具监测认可文书，等等。这些都是案件中的主体相互配合的行为。以往环境污染案件中难取证、监测费用过高的困难，在泰州天价诉讼案中都通过各机构、各部门的协调配合得到了解决。

（3）专业机构与专业人士的参与。

在以往的环境污染案件中，难以对造成的污染评估鉴定，使案件没有得到合理的对待。专业化的知识和技术支持的缺乏，经常使案件的审理陷入困难。政府相关部门的专业知识不足，需要专业的机构和人员来弥补这一短板。本案例中的江苏省环境科学学会受当地检察院和环保局委托，出具了评估鉴定性质的技术报告。专家不仅出庭就生态专业方面的技术性问题进行了解释说明，也对案件中赔偿金额的计算给予了帮助。

（4）1.6亿元的赔偿金额是否合理？

1.6亿元的赔偿金额，是请专家经过科学的计算得出的。对于企业来说，这一金额太过沉重。于是在企业支付赔偿金的具体履行上，一方面允许企业申请延期一年缴付40%的赔付资金；另一方面在实地勘探和可行性论证的基础上，引导企业通过实施技术改造，对产生的副产品和废物循环利用，降低环境被污染的风险。这就达到了增强企业环保意识、切实维护环境的根本目的。

（5）对当下政府治理环境的思考。

环境保护的出发点应该是预防污染事件的发生，而不是污染后的惩罚。对社会来说，引导和鼓励企业主动实施环保技术改造，比单纯的金钱惩罚更有意义。

第三方组织，是指不属于第一部门（政府）和第二部门（市场）的其他所有组织的集合。现实社会之所以需要第三方组织存在，是为了应对市场手段和政府手段"双失灵"的情况。本案中的环保联合会与我国的很多第三方环保公益组织一样，力量太过弱小，主要依赖于政府部门的力量。政府要积极培育和完善第三方组织，使其在类似案件中发挥更大的作用。

五、课堂安排

1. 了解案例的发展过程

用大约 25 分钟时间用视频播放器播放泰州天价环境公益诉讼案的始末，让学生对案件发展的过程有一个基本的了解。在视频播放完后，老师用 5 分钟对案例做简短的梳理，并对案例中的主体进行简单的介绍。

2. 案例设问

准备好案例的纸质材料，提出 3~6 个与案例有关的问题，让学生带着问题看材料。

3. 案例讨论

3~5 人为一组，每小组的组员坐在一起，选择一个小组成员共同感兴趣的问题，用 15~20 分钟时间对所提出的问题展开小组讨论。老师要提醒学生做好讨论的记录并准备好发言。讨论结束后，每个小组的发言人表达对所选问题的观点。老师针对发言人的观点，给出点评，并发表自己的看法。

4. 教师总结

在所有的小组发言完毕后，老师对其讨论的结果和学生的表现进行综合点评，指出学生分析中的优势及不足之处，给出改进建议。分析学生们的观点对改进政府组织是否有助益，采取怎样的改进方式可能会有所帮助；指出学生的哪些观点有继续进行研究的意义。

六、其他教学支持

教学在多媒体教室进行。确保电脑的音频设备和视频播放设备完好。电脑中应安装有 Microsoft Office 的软件，PPT、Word、Excel 等能被打开和使用。

食品安全监管

——双汇"瘦肉精"事件案例分析

摘要：2011 年 3 月 15 日，中央电视台新闻频道播出了《"健美猪"真相》的特别节目，节目中曝光了"养殖户添加违禁药品瘦肉精，政府监管部门收钱为瘦肉精猪一路开绿灯，经纪人联络其中，下游肉制品企业明知是问题猪，却有意收购"的乱象。这一事件，一方面反映出政府在食品安全监督、检查方面还存在着漏洞，另一方面也突显出肉制品企业商业伦理的缺失。双汇济源分公司在此次事件中不仅损害了消费者的利益，也给自己造成了极大的损失，使得双汇数十年苦心经营的品牌的信任度急速下降，市场销量不断下滑，当年的净利润同比下降达到 50%。食品安全事关人民群众的切身利益，然而安全屏障为何屡屡被突破？"瘦肉精"问题为何屡禁不止？其背后究竟暗藏着怎样的利益链条？社会各界对"瘦肉精"事件如何反应？监管中存在什么问题？有什么好的经验？如何从体制上杜绝此类食品安全事件？对这些问题的分析对我国今后的食品安全监管有重要的借鉴意义。

关键词：瘦肉精　食品安全　政府监管

1 案例前言："瘦肉精"为何物？

许多化学物质被称为"瘦肉精"，主要有莱克多巴胺（培林）、盐酸克仑特罗、沙丁胺醇、硫酸沙丁胺醇、硫酸特布他林、西巴特罗、盐酸多巴胺 7 种。其中培林毒性极低、代谢快速（无累积性），因此被美国等国家允许添加入猪饲料，日本也允许使用培林的猪肉进口。全世界有美国等 24 国开放使用培林，有 160 多国仍禁用。在我国，通常所说的"瘦肉精"则是指盐酸克仑特罗。它曾经作为药物用于治疗支气管哮喘，后由于其副作用太大而遭禁用。盐酸克仑特罗，简称克仑特罗，又名克喘素、氨哮素、氨必妥、氨双氯喘通。为白色结晶状粉末，味略苦。盐酸克仑特罗属于非蛋白质激素，耐热，使用后会在猪体组织中形成残留，尤其是在猪的肝脏等内脏器官残留较多，食用后直接危害人体健康。其主要危害是：出现肌肉震颤、心慌、战栗、头疼、恶心、呕吐等症状，特别是对高血压、心脏病、甲亢和前列腺肥大等疾病患者危害更大，严重的可导致死亡。人类食用含"瘦肉精"的猪肝 0.25kg 以上者，常见有恶心、头晕、四肢无力、手颤等中毒症状。

为什么在我国明确禁用的化学药品，会被肆无忌惮地添加入知名企业双汇集团的火腿中呢？

2 直击"瘦肉精事件"

2.1 十八道检验，十八个放心——"双汇良心肉"

双汇集团是以肉类加工为主的大型食品集团，总部位于河南省漯河市，是中国最大的肉类加工基地，在 2011 年中国企业 500 强排序中列 166 位。该集团的前身是漯河市冷仓，于 1958 年 7 月成立。1994 年 8 月，组建成立双汇集团；1997 年 7 月该集团通过 ISO 9002 质量认证体系；1998 年 12 月"双汇实业"5000 万 A 股股票在深交所成功上市；1999 年 12 月"双汇"商标被认定为"中国驰名商标"，双汇集团被列为国务院 512 家重点企业。双汇集团董事长万隆的企业理念是"诚信立企，德行天下"，要将双汇打造成为中国最大、世界领先的肉类供应商。然而一直以"十八道检验，十八个放心"广告语深入人心的双汇集团，却在 2011 年 3 月被曝销售含有瘦肉精的产品，十几年的信任在消费者心中顷刻倒塌。

2.2 事件经过

2011 年 3 月 15 日，中央电视台《每周质量报告》播出了"3·15"特别节目《"健美猪"真相》。报道称，河南孟州等地采用违禁动物用药"瘦肉精"饲养的有毒猪，流入了双汇集团下属的济源双汇公司。

该事件被报道后，3 月 15 日中午，济源双汇公司被立即责令停产，所有未出厂的成品及半成品就地封存，并立即对未屠宰的生猪展开"瘦肉精"检测。3 月 15 日晚，有记者在济源双汇公司的待宰圈内看到，几十名检验人员不停地往 667 头生猪身上泼浇冷水，据一位工作人员说是"为了刺激生猪排尿，尽快进行'瘦肉精'尿检"①。

3 月 16 日，双汇集团承认使用瘦肉精猪肉，并向公众发表致歉声明。3 月 17 日，双汇集团称济源双汇的高管已被免职，涉及的产品也被收回。与此同时，由于双汇集团是国务院 512 家重点企业之一，该事件引起了国务院的重视，农业部、商务部、公安部等部委各自成立工作小组到河南调查此事。3 月 20 日，国务院食品安全委员会会同多个部委又成立了联合调查组进驻河南，彻查"瘦肉精"事件。

---

① 《南方日报：双汇"瘦肉精"事件始末》，http://qcyn.sina.com.cn/news/shwx/2011/0811/14384248245.html，2011 年 8 月 11 日。

国务院联合工作组组长、国务院食品安全委员会办公室副主任刘佩智向河南提出了四条反馈整改意见：第一，依法从快从严惩处犯罪分子；第二，严肃追究失职渎职人员责任；第三，加快建立全程监管机制，严防此类事件再次发生；第四，加强监管能力建设。同时河南省的相关部门也在此时迅速查封了曝光的问题养殖场，并对涉事的养殖场主、生猪经纪人、企业采购人员和公职人员采取了控制措施，对于构成违法的当事人予以立案侦办。而查人、查猪、查药并举的全省多轮拉网式"瘦肉精"排查也随即展开。

2011 年 3 月 28 日，河南省政府通报：为了彻查此次"瘦肉精"事件，河南省共出动排查人员 214 812 人次，对全省 158 个县（市、区）的生猪养殖场（户）全面排查抽检，共发现饲喂"瘦肉精"猪 134 头。其中，排查 50 头以上规模养殖场（户）59 289 个，抽检生猪 223 291 头，确认"瘦肉精"阳性生猪 126 头，涉及养殖场（户）60 个；排查散养户 79 152 户，抽检生猪 86 712 头，确认阳性生猪 8 头，涉及养殖户 7 个。

2.3 调查过程

时任农业部畜牧业司副司长王宗礼说，自农业部禁止使用"瘦肉精"以来，"瘦肉精"的检出率逐年在降低，但餐桌上的这个"毒瘤"多年来未被根除，其重要原因是生产和销售走"地下渠道"，一直没有截断制造"瘦肉精"的源头。为了查清源头，河南公安部门从涉案生猪养殖户入手，追到生猪经纪人，再追到"药贩子"，查获在河南销售"瘦肉精"的重要犯罪嫌疑人 2 名，并最终在湖北襄阳市南漳县找到并捣毁了非法生产加工的窝点，且抓获犯罪嫌疑人 20 余名，收缴"瘦肉精"400 余公斤，摧毁销售网络 2 个，还查获了一大批生产设备及销售票据。

河南省公安机关对认定销售使用"瘦肉精"涉嫌犯罪的 72 人采取了强制措施，其中 27 名为生产、销售"瘦肉精"人员，7 名为生猪收购贩运人员，33 名为养殖人员，5 名为屠宰企业生猪采购管理和业务人员。河南省监察部门还对 53 名公职人员需要承担的责任进行了调查取证，32 人已由当地纪检监察机关作出初步处理。其中，移送司法机关 12 人，停职检查 9 人，免职 6 人，开除 1 人，撤职 2 人，党内严重警告 1 人，党内警告 1 人。

2.4 事件结果

双汇集团作为中国最大的肉类产品加工基地，在"瘦肉精"事件曝光后，品牌形象严重受损。超市、零售店纷纷将双汇冷鲜肉和火腿肠等肉制品下架，一些双汇加盟店也"改旗易帜"，脱离双汇的销售体系，因而损失惨重。双汇集团在 2011 年 3 月 31 日召开的包括所有管理层、漯河本部职工、经销商、部分新闻媒体在内的"万人大会"上，二度致歉，并与中国检验认证集团签订了长期战略合作协议，后者作为第三方质量检验机构，将全方位监督双汇的质量安全。在大会上，双汇集团董事长万隆承认"瘦肉精"事件对双汇影响巨大：3月15日双汇发展股价跌停，市值蒸发103亿元；3月15日至3月31日，影响销售额15亿元；济源双汇处理肉制品和鲜冻品直接损失达3000多万元；由于"瘦肉精"改对生猪头头检测，一年增加的检测费为3亿多元。同时，据有关报道称，2011年"3·15"报道的"瘦肉精"事件引发了消费者对食品安全的担忧，双汇产品的质量正面临着消费者的质疑，市场销量下滑，双汇品牌遭受到前所未有的信誉危机。

2011年11月26日，有记者从河南省高级人民法院获悉，河南全省法院受理的59起114人的"瘦肉精"案目前已经全部审结。与此同时，在河南省的"瘦肉精"抽检排查工作已基本结束之时，国务院食品安全委员会办公室表示将就"瘦肉精"问题开展全国性的专项打击活动，确保食品安全，给人民群众一个交代。

3 "瘦肉精"暗藏利益链

3.1 "瘦肉精"产销链——金钱的链条

生产商：成本为每公斤1000元左右，售价为每公斤1200元左右。

经销商：购进"瘦肉精"后，以每公斤2200元左右卖给饲料加工商。

加工商：每吨猪饲料中加入20克左右"瘦肉精"，一个加工厂一个月可生产出一吨加入"瘦肉精"的猪饲料。

经公安机关审讯，本"瘦肉精"案中的非法制售网络基本查清为：加工源头（刘某和奚某于湖北襄阳合谋研制生产）→主要销售窝点（陈某和肖某）→次级分销窝点（不法兽药店主和生猪购销人）→"瘦肉精"使用者（生猪饲养户）→加精猪流向地（屠宰点和肉制品加工厂）（见图1）。处于链条最顶端的刘某称，出厂的盐酸克仑特罗呈粉末状，由于纯度很高，被称作原粉，出售价格一般为每公斤2000元，扣除原料、人力、厂房租金等成本后，每公斤还有600~700元的生产利润。

而主要销售人员陈某和肖某"接货"后，以每公斤4000元的价格转手给下线人员，或者添加淀粉等物质稀释后，再以每公斤200多元的价格卖给下线销售人员或者养殖户。转手的次数越多，"瘦肉精"的纯度就会越低，而每公斤的销售利润也会从数千元到上万元不等。警方人员称，在郑州市陈某的亲戚家，现场查获的未转移现金有30多万元。

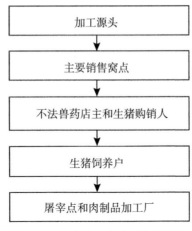

图1　"瘦肉精"非法制售利益链

3.2　推波助澜——生猪经纪人

猪贩和屠宰场不通过经纪人，经常收不到猪；而散户如果不通过经纪人，又很难找到合适的买家。生猪经纪人是养猪户和买猪人之间的"中介"。

生猪经纪人因利益而生，其中一些人会铤而走险，他们利用消费者爱吃瘦肉、企业偏好收购瘦肉型猪的消费特点，采用价格手段诱导养猪户添加"瘦肉精"，全程参与喂养出肉率高、瘦肉率高的"健美猪"。

"每次收猪前，经纪人都会提前一段时间，探听买猪人的需求，外调路上的风声，根据实际情况，定点定量定时要求养猪户加精，你要是不加就卖不出好价钱。"河南孟州养猪户张某称，"整个过程非常隐蔽，同一个地方的养猪户都不清楚谁家参与其中，又卖到哪里。"他称，养猪户一头猪约加10克"瘦肉精"，平均每头猪成本多了3~5元，但收购价至少多出2毛，一头猪多出利润50元左右，如一年出栏100头猪，一年能多卖差不多4000元钱。经纪人不仅通过出售"瘦肉精"牟利，而且介绍体形健美的生猪更容易赢得客户。①

生猪经纪人不仅成分复杂，而且能量巨大。孟州老卫的另一个"特殊"身份是镇动物防疫检疫站的工作人员，他告诉记者，平时他负责全镇的防疫和检疫工作，根据规定，在生猪出栏前，养猪户要进行"瘦肉精"检测，由检疫员验收后，才可获得检疫证明，于是，作为生猪经纪人的老卫向客户介绍生猪，同时作为检疫

---

① 《生猪经纪人诱导养猪户添加瘦肉精》，《钱江晚报》2011年4月1日A15版。

员的他又自己检测。①

4 "健美猪"引各方反响

4.1 反响之一：政府监管"马后炮"

（1）曝出来查，曝不出来就算了

来自权威部门的数据显示，2010 年，有关部门共检查各类食用农产品、食品及相关产品生产经营单位 3 500 多万户次，查处各环节违法案件 13 万起，抓获犯罪嫌疑人 248 人，取缔违规企业 10 万余家。食品安全的整顿力度不可谓不大，但为何食品安全事件依然频现？

有记者梳理发现，从 2010 年前后曝光的"染色馒头"、"回炉面包"、"瘦肉精"猪肉、"牛肉膏"事件，到以前披露的"三聚氰胺"奶粉、"大头娃娃"奶粉、"假葡萄酒"事件，其中暴露出的"马后炮"监管，并不少见。

2008 年发生的"三聚氰胺"奶粉事件，从当年 3 月起三鹿集团、有关部门就陆续接到消费者反映，在前期长达四五个月的时间内，各级检测机构先后多次对三鹿奶粉进行检验，"均未发现问题"。直到 9 月被媒体曝光后，地方政府和企业才开始"彻查"。

2010 年年底的河北"昌黎葡萄酒造假事件"中，当地的假葡萄酒业存在多年，形成了"造假一条龙"，甚至带火了当地的酒精、食品添加剂及制作假冒名牌葡萄酒标签厂家，而当地的监管部门竟"浑然不觉"。直到被曝光，才开始"迅即"介入……

在"瘦肉精"事件中，有关部门排查后对外界称，确认的"瘦肉精"阳性生猪主要集中在河南济源周边四县市。"碰巧"的是，媒体所曝光的也是这四县市。"搞调查的媒体掌握得这么准？没被曝光的就全都让人放心吗？"一些百姓心存疑虑。

从现实情况来看，目前我国共有食品、食品添加剂、食品相关产品生产企业和小作坊 40 多万个，人手相对较少，快速和常规检测能力不够完善。"监管难度大，但这并不能成为监管缺位的'挡箭牌'。"山东大学社会问题研究专家马广海教授认为，作为百姓食品安全"把关人"，少数监管部门工作人员得过且过，曝出来就查，曝不出来就算了，这样食品安全事件怎能不发生？②

（2）执法怪象："不能罚太狠"

① 《生猪经纪人诱导养猪户添加瘦肉精》，《钱江晚报》2011 年 4 月 1 日 A15 版。

② 《食品安全执法"为民"还是"为利"？》，《羊城晚报》2011 年 4 月 9 日。

从已曝光的食品安全事件来看，一些监管部门"在办公室看样品"成为"监管习惯"；"瘦肉精"事件中，曝出"让养猪户自己取样送检"的尴尬，更有甚者，少数监管部门和工作人员将能不能创收作为管与不管的取舍标准，甚至存在执法腐败，监管职责被抛之脑后。

毋庸讳言，虽然近几年财政支持力度加大，但当前食品安全监管任务繁重，经费需求还有很大缺口。有记者在调查中了解到，一些地方监管部门的办公经费和人员工资，要依靠上级返还的收费罚款来"解决"，这多少造成了一些部门和工作人员的"执法为利"。

此外，来自一些地方政府的压力，也削弱了监管力度。一位地方质监部门负责人表示，政府的头等大事是发展经济，监管部门如果只是管管小企业、打打"苍蝇"还无所谓，要是对于地方"有重要贡献"的企业、行业"铁面无私"，罚太狠了，恐怕会影响本地的经济发展。

（3）监管不及时："小事拖大，大事拖炸"

一些专家指出，从已曝光的食品安全事件来看，虽然部分人员确实存在失职、渎职行为，但法律法规对于如何判定监管部门是否履职到位，缺乏明确界定。每次食品安全问题发生后，监管部门"理直气壮"地把矛头指向肇事者，但监管部门和监管人员的失职却易被忽视。

"食品安全监管一旦不及时，极易导致'小事拖大，大事拖炸'，所以强化监管是重要的突破口。"舆情问题专家、天津社科院研究员陈月生等专家认为，应从问责"查处比曝光慢半拍"现象入手，铁腕查处失职渎职、以权谋私、执法腐败、部门牟利等行为。①

同时应强化信息收集，建立群众举报奖励机制。专家建议，按照查获情况重奖举报者，充分发挥群众的监督力量，让不良分子如老鼠过街人人喊打，无藏身之地，从而净化食品市场。

此外，还要加强基层监管部门人力、设备和经费保障力度，让罚款与部门利益脱钩，严禁罚款返还、变相"坐收坐支"。

4.2 反响之二：产品遭冷遇

2011年4月18日，在位于广州市工业大道北沙园市场的双汇肉类连锁店前，记者驻留了半个小时，发现在其店前停留的顾客不超过10人，且大多只是短暂停留几秒钟，稍有询问，片刻即离开。一位买了少量双汇冷鲜肉的女士向《每日经济新闻》记者表示，她知道"双汇出事"，但因为广州双汇产品出自广东清远，质量

---

① 鹿永建：《新华社、人民日报、央视评道德滑落》，新华网，www.news.cntv.cn/china/20110419/103494.shtml，2011年4月19日。

应该有保证，她只是比平时少买一些。

4 月 17 日，记者在深圳罗湖区一家好又多超市看到，双汇产品专卖区前人迹稀少，约半小时未见到一名顾客购买。一名男子拿起一包双汇火腿肠反复看产地，然后告诉记者，这些产品是广东本地生产的，应该没问题。但他还是迟疑了一会儿，最终将产品放回了原处。一名女子看到两袋 400 克的双汇火腿肠促销价 14 元多，刚拿下来看一眼，其陪同的朋友马上说："是不是双汇的质量问题才卖这个价？"年轻女子一听，立即放下产品并离开。好又多超市一位销售员告诉记者，双汇产品以前在这个超市每月能卖七八万元，现在买的人很少，销售可以说惨不忍睹。

这与在三亚的情况相类似，在三亚南国超市，记者看到一名顾客在拿起一件双汇产品后，又看到旁边还有金锣的产品，反复对比后，将手上的双汇产品放回了货柜，改选择了金锣。

而在佛山，佛山市三水区日日升购物中心有限公司总经理梁佩芬告诉记者，虽然由于日日升所售产品未涉及双汇济源厂产品，因而未对双汇产品进行下架，但双汇"瘦肉精"事件发生以后对所有的双汇产品销售造成了影响。梁佩芬透露，至少影响到 20%~30% 的销售。①

4.3 反响之三：消费者对企业过失零容忍

在中国肉食行业版图中，双汇集团是目前毫无疑问的"老大哥"。"瘦肉精"事件发生时，双汇集团总资产 100 多亿元，员工 6 万多人，年产肉类总量 300 万吨，是中国最大的肉类加工基地，2010 年双汇集团销售额突破 500 亿元。

双汇在国内的两个主要竞争对手，另一个是金锣集团（母公司为新加坡上市的大众食品），另一个是雨润食品。2009 年，大众食品收入 104.98 亿元，雨润食品为 138.7 亿港元，而双汇集团的上市平台双汇发展的收入为 283.5 亿元，远远高出雨润食品和大众食品。

公众对于双汇品牌的信任，与双汇被查含有"瘦肉精"的事实，挑战了公众的容忍度。根据新浪财经调查双汇被曝使用"瘦肉精"猪肉的统计显示，截至 2016 年 7 月，共有 354 864 万消费者参与投票，其中有 91.6% 的消费者相信双汇火腿中含有"瘦肉精"，4.7% 的消费者选择不相信，另外有 83.2% 的消费者不愿意再购买双汇的肉制品，仅有 8.8% 的消费者表示会再次购买。

公众关心的是，食品能不能安全食用？对于双汇之外的其他肉类品牌，河南之

---

① 以上采访内容摘编自徐学成、刘功武、李亚蝉、于垚峰：《双汇产品继续遭冷遇：消费者看了看又放下了》，搜狐资讯，www. roll. sohu. com/20110419/n306038194. shtml，2011 年 4 月 19 日。

外的其他地域，肉类以外的其他食品……能否被纳入严格的检测范围？公众所希望的彻查，不是只针对个案的应急处理，而是以点带面的通盘反省。

在食品安全的问题上，屡有企业栽跟头，屡有人以监管程序不完善的说辞推卸责任。在此事件中，赴河南督导调查的农业部官员表示，只要是抽检自然会有漏洞，"瘦肉精"事件暴露出整个监管链条上的缺陷。这不该成为日常监管失职、职能部门枉法的挡箭牌，也丝毫不能成为推脱责任的理由。

4.4 反响之四：今后如何联防联控"瘦肉精"？

时任国家首席兽医官于康震表示，河南"瘦肉精"事件虽然只是个案，但影响恶劣，教训深刻，暴露出监管工作还存在薄弱环节。

此事件之后，农业部会同国务院食品安全办、工信部、公安部、商务部、卫生部、工商总局、质检总局、国家食品药品监督管理总局等部门启动了为期一年的"瘦肉精"专项整治行动，从"瘦肉精"源头管理、生猪养殖、生猪收购贩运、生猪屠宰、肉品加工、肉品消费餐饮、肉品进出口等方面强化措施，坚决杜绝"瘦肉精"进入食品产业链。

同时，研究制定生猪"瘦肉精"全过程监督管理办法，进一步明确养殖、收购、贩运、屠宰等环节的监管责任主体、工作机制和问责制度，增强生猪产品安全监管早发现、早预警、早查处的能力，有效防范区域性、系统性风险。

当时，农业部还进一步明确了各级动物卫生监督机构履行"瘦肉精"监管的职责，并协同相关部门严格落实"地方政府负总责、生产经营单位为第一责任人、监管部门各负其责"的责任体系，强化部门间协调配合，形成联防联控工作机制。

于康震表示，推进标准化规模养殖是提高猪肉产品质量安全水平的根本措施。2011年，国家安排了10亿元资金支持生猪标准化规模养殖场建设，并继续安排30亿元实施生猪调出大县奖励和生猪产业化扶持项目，扩大生猪调出大县范围，加强养殖场基础设施改造升级，加大关键技术推广应用力度，进一步提高生猪标准化规模养殖水平。

5 美国肉制品生产安全监管经验

5.1 政府监管主体

（1）政府监管主体运行机制。

美国肉制品生产安全监管体系的基础是国家宪法。美国宪法规定了政府立法、行政和司法三机构在其肉制品安全体系中各自的职责。这三个部门为确保美国的肉制品生产安全起着关键性的支撑作用，而其权力制衡和科学决策构成了美国肉制品生产安全体系最主要的特征。国会通过制定法律来保障肉制品生产的安全；行政部门负责法律的实施并颁布一些实施细则，使法律的实施具体化；司法部门则保障法律实施的公正性。同时，美国各州和地方的法律法规以及工业部门规章，对肉制品的生产安全起着相互补充的作用。

与美国的"分权"理念相适应，美国的肉制品生产安全监管机构实行联合联动、分段分散监管的监管制度，建立了由总统食品安全管理委员会综合协调，卫生与公共服务部、农业部等多个部门共同负责，联邦、州和地方政府三级既相互独立又相互协作的综合性肉制品生产安全监督网络，全面监督肉制品的生产。为了确保肉制品生产安全，美国总统于1997年宣布并实施了"总统食品安全行动计划"，联邦政府、州政府、地方政府以及肉制品生产安全监管部门要对总统、国会、法院以及公众负责。各市、郡卫生局，各州卫生机构以及联邦政府的许多部门和机构，都雇用食品检查员、微生物学家、流行病学家及其他食品科学家对肉制品生产安全实施持续深入的监管。此外，还有可以互补和互相依赖的肉制品生产安全派出机构，它们在全国设立了多个检验中心或实验室，并向全国各地派驻了大量的调查员，与各州、地方政府及相关监管机构协调互动，形成了一个有效的综合性体系。地方、州和联邦法律、准则及其他法令对这些监管人员的权限有明确规定，联邦所有具有肉制品生产安全监管职能的机构都不具有促进贸易的功能。除专门的食品安全监管机构之外，美国还拥有跨机构专家工作组，审查美国的食品安全监管体系，检查联邦食品安全管理机构在管理上是否存在缺位。如此做法，一方面确保了食品安全监管的全面性和科学性，另一方面，可以在一定程度上减少国家和部门经济利益对食品安全质量监管工作的干扰。

（2）监管机构。

在总统食品安全委员会的统一管理下，由国会授权农业部的食品安全检验署和环境保护署负责美国肉制品安全相关法律的监督和落实。

食品安全检验署是美国农业部下属的公共卫生机构。根据美国法律规定，食品安全检验署主要负责国内与进口的肉制品的安全和监督或强制缺陷产品的召回，并被授权监督执行联邦食用动物产品的安全法规。具体职责包括：对肉类加工厂进行检测和检验，收集并分析肉制品样品；建立工厂卫生、食品添加剂使用等标准；监督肉类加工者的问题肉制品自愿召回；负责肉制品行业和消费者的安全教育，支持相关研究。食品安全检验署下设地区办公室、实验室，且拥有自己的培训中心，在美国各地的肉制品生产厂家都派驻有监督人员，监督肉制品的生产安全和卫生情况。环境保护署主要负责确保任何食品或饲料中含有食品和药品管理局不允许的食品添加剂的，或含有农药残留量超标的，都不能上市。联邦政府在全国范围内建立了许多检验检测中心和实验室，且向各地驻派了大量的调查员，形成相互依赖、相互补充的肉制品生产安全派出机构。还有其他政府机构负责对肉制品生产安全进行预防、检测、教育等方面的工作。

5.2 非政府监管主体

肉制品生产的监督管理单靠市场调控或政府监管均不能有效地进行，需引入政府和市场外的第三种力量，即非政府监管主体。第三部门作为政府与社会沟通、合作的桥梁和纽带，可以有效地协调政府和社会的关系，降低政府制度创新及监管执行的成本。在美国，非政府监管力量在监督肉制品生产安全过程中起着不可替代的作用。

（1）行业协会。

肉制品行业在保障肉制品生产安全中负有不可推卸的责任。美国建立了许多行业协会，并以法律形式赋予其地位。这些社会组织在肉制品生产安全监管中发挥着重要作用，有些甚至代替部分政府职能部门，并且这些组织的成员中就有政府部门的代表。美国的行业协会主要有两方面作用：一方面，通过培训和教育计划为相关企业提供关键信息，开展研讨会研究行业发展趋势和更新行业相关信息；另一方面，通过游说等行为向政府提出促进本行业发展的建议，影响政府决策的制定。

如美国食品领域的行业协会是全国性的专业协会，它的主要任务是通过资金援助和技术支持促进成员的沟通和发展，以及提供一个交换信息和意见的平台，从而促进食品行业的发展。北美肉类协会是北美最大的肉类贸易组织。其成员包括来自美国、加拿大和其他国家的多家中型或小型肉制品生产、加工、包装、批发零售企业。它主要负责促进肉类及相关食品行业的发展。该协会有自身的网站，为肉类行业、公众及媒体提供肉制品生产加工过程中处理方式的网络信息平台。

（2）消费者联盟。

美国消费者联盟成立于1898年，是世界上第一个全国性的消费者组织。它主要负责产品检测，并通过联盟出版物《消费者报告》向消费者提供信息，指导消费。《消费者报告》是美国最具有影响力的保护消费者权益的出版物，它不仅是优质产品最独立的鉴定者，也是消费者权利热情的倡导者，更是消费者联盟组织运作资金的主要来源。消费者联盟拥有由工程师、科学家、技术员等专业人士组成的技术小组，定期对产品进行专业性的比较检测，并将调查结果刊登在《消费者报告》中，警示经营者；对消费者做抽样调查，调查问题均由专业人士设计，其结论具有科学性和客观性，为立法者制定法律提供参考；通过网站定期向政府和大众报告产品信息和测试结果；向国会推荐测试结果，推动新的立法出台，保护消费者权益。

在美国，消费者联盟成员可以参与行业、政府机构的决策。一是其可以协助某些行业制定测试标准，促进行业标准的完善；二是消费者联盟理事可在白宫组织的大型会议中提供书面或口头证言影响国会，提出改革建议；三是消费者联盟倡导消费者加入联盟活动，并在参与立法而与立法者意见相左时，通过群体联名写信，使国会注意到其意见。此外，在现代网络时代，美国消费者联盟也会影响到市场的模式，主要表现在基于社交网络的作用，消费者联盟会对传统的媒体源进行改革，而在新兴媒介中发挥积极作用。

消费者在美国肉制品生产监管中发挥着重要的作用。社会大众的态度、行为或心理状况等，都可能成为政府决策和食品行业自律的驱动力。美国一系列重大的肉制品安全决策，无不经过公众的评议。

6 案例总结

6.1 案例评价

食品安全问题关乎人民群众的生命安全和切身利益，是老百姓最关心、政府最关注的问题。食品质量水平的提高直接影响人们的生活质量和国民幸福指数，也是增进全人类生活福祉的根本基础。不论是在欧美发达国家，还是在中国这样的发展中国家，从农田到餐桌这一整个过程所带来的安全隐患一直给人类健康来带重大威胁。近些年来，各式各样的食品安全事件的爆发，已经对全球范围内各国经济和社会发展产生了重大影响。

"瘦肉精"事件只是个案，但在我国当前趋利的社会生存环境下，类似的市场行为并不少见。从"染色馒头""回炉面包""牛肉膏"，到"三聚氰胺"奶粉、"假葡萄酒"等，都表现出共同的特征：商家趋利忘义，为了一己之利而不顾消费者的生命安全和切身利益；同时，消费者缺乏相应的食品安全保护意识和相关的知识。打破在很多地方甚至是整个食品行业里面的"潜规则"，让涉及其中的企业、政府职能部门以及消费者都充分认识到食品安全的重要性，刻不容缓。

食品安全监管任重而道远。食品安全监管存在的问题不容回避：第一，部分地方政府监管意识不到位，重经济利益、轻社会利益，重显性政绩、轻隐性影响的现象普遍存在；第二，部分地方政府监管体制不到位，食品安全监管机构虽然存在，但与其履行职责相配套的权责不明确，工作所需的条件没得到充分保障，相关的法律法规制定和实施不到位；第三，部分监管机构和人员履责不到位；第四，社会共治的氛围没有形成，虽然各方都关注食品安全问题，但在加强监管上没有形成统一的意志和合力。加强食品安全监管，必须采取标本结合的治理措施，使全社会重建食品安全的信用体系，让老百姓能放心食用安全食品，让政府和企业重新得到社会的信任。

6.2 案例反思

消费者之所以能放心地在市场上购买猪肉，是因为充分相信政府的监管能力。

但事实上，在本案中，政府相关监管部门却在一系列环节严重缺位，导致原本应层层把关的监管失效，任由损害人们生命健康的"瘦肉精"猪肉流进市场。也许当事件被曝光后，政府对相关责任人的严惩会起到一定作用，但没有日常监管环节的有力查处，漏洞仍旧会存在，当老百姓以法不责众的心态"捉迷藏"时，当基层监管人员被金钱腐蚀时，当放任自流成为行业潜规则时，政府除了在事件曝光之后道歉、惩处、自查、严打，还能为平时的监管做些什么呢？依靠政府、媒体、公众的监管监督力量，对于问题食品在生产、加工、消费等各个环节斩断利益链，铲除其生存土壤，使其丧失立足之地，才能从根本上解决问题。

 **思考题**

1. 政府在食品安全监管中应扮演主体角色，发挥主导作用，然而类似"瘦肉精"事件反映出政府的一系列监管行为往往存在漏洞，原因是什么？

2. 双汇"瘦肉精"事件的发生对政府的公信力有什么影响？

3. 我国食品安全监管中存在哪些主要问题？应该如何解决？

4. 发达国家的食品安全监管，有哪些可以借鉴的经验？

案例教学手册

一、课前准备

在充分了解双汇"瘦肉精"事件发展过程的基础上，制订明确合理的授课计划，根据相应步骤完善充实所要表达的素材内容。课堂讲义的草拟、幻灯片的制作、师生互动内容的准备等，都需要在授课前期完成。另外，需要提前告知学生本次课程的主题，让学生在课前能够充分了解事件、评论事件、提出问题，有利于课堂中的积极讨论。

课前准备应提前一周进行，主要准备工作有以下几个方面：

（1）人员组织。

①把案例正文发给学生，要求学生仔细阅读案例内容，理解案例的发展过程，并进一步了解事件发生的根本原因。

②把学生分成若干小组，每小组各有一人作为组长负责小组讨论的进行，并记录本小组讨论过程中的观点要点。

（2）物品准备。

①准备一张大白纸，用于书写各方意见。

②准备若干支笔，发给每一小组的组长，用于记录组员意见。

二、适用对象

公共管理类专业的相关学生，社会学、政治学等关联学科的学生，以及对此类事件较为感兴趣的个人或群体。

三、教学目标

1. 了解事件，分析问题

对此类以食品安全监管为中心的公共管理事件进行深度剖析，全方位了解事件的进展，多角度听取各相关主体的意见。从政府、企业、消费者三个角度分析事件相关主体的不同态度和观点，分析某种现象产生的具体原因，并探寻合理的解决之道。

2. 总结公共危机事件的处理经验

食品安全事件的处理是当代公共管理领域内的重要事项，也是比较薄弱的环节。通过对此类案例的分析和探讨，了解政府等行政主体在解决公共危机事件时所应该具备的正确的态度和处理方式。根据此双汇事件总结经验、明确职责，使未来政府对危机事件的处理能够更加系统化、明确化、有效化，在充分考虑各主体的利益相关性的基础上，合理解决产生的问题。

3. 培养学生多元思维能力，正确认识问题和解决问题的能力

"瘦肉精"事件从不同的主体反映了食品安全问题上存在的漏洞。学生通过对此类事件的分析，应形成处理危机事件的意识，从思想上搭建针对此类事件的解决框架，结合自身思考，寻求解决方法。另外，要引导学生客观、冷静地看待此类事件的进展，主动站在多方角度去思考问题，全视角了解事件的前因后果，形成自己的评价，从而更好地指导实践。

四、要点分析

1. 案例中的几个关键词

瘦肉精、食品安全、政府监管

2. 案例中的相关主体

政府、企业、消费者

3. 案例中的几个显著问题

（1）公众食品安全意识淡薄。主要表现在：食品生产经营者安全意识缺乏，有违规使用农药兽药和饲料添加剂等现象；消费者自我保护意识较弱，存在无知消费、模糊消费、便宜消费三种消费理念；监管人员食品安全责任意识不强，部分执法部门存在"有利"就管、"无利"不管的倾向；社会公众参与意识不强，对发现的假冒伪劣食品，往往采取"事不关己，高高挂起"的态度。

（2）食品从业人员存在诚信的缺失和道德的滑坡，利益引诱其突破法律与道德的双重底线。无底线地追逐商业利益，直接导致了食品安全悲剧。

（3）产业集中度低，监管成本高。食品从田间到餐桌，包括种植、养殖、加工、运输、储存、销售等诸多环节。在这个长长的链条中，产业集中度非常低。据统计，在全国40多万家食品加工企业中，规模以上企业（主营业务收入不低于

500 万元）仅 3.7 万多家，比例不足一成。由于农户分散经营，在食品行业的上游产业集中度更低。产业集中度低，必然导致监管成本高。从生猪产业的中游看，现有政策要求对生猪进行一定比例的抽检，但由于对散养户的检测费时费力，在实际操作中抽检对象主要选择规模养猪场，散养户的检查基本成了空白。从生猪产业的上游看，分散化的饲养格局导致饲料及兽药等产品的销售只能主要依靠当地的经销商。这些经销商一般规模小，很难监管。从生猪产业的下游看，以农户散养为主的生产结构导致流通环节存在大量经纪人、猪贩等中间商。这些中间商流动性强，导致猪肉产品的源头难以找到，生产过程难以追溯。

（4）制度设计不合理，监管效率低。一是多头管理，效率低下。从饲料、兽药生产到生猪饲养、流通、屠宰、销售等环节，涉及农业、质检、工商、卫生、商务等多个部门。众多监管部门在职责上存在重叠交叉，造成监管责任不清。一旦出现事故，难以问责。二是主体单一，势单力薄。目前，食品安全监管由政府相关部门承担。事实上，食品安全监管涉及面广、错综复杂，仅靠政府的力量是远远不够的。三是存在"九龙治水"现象，对食品生产加工小作坊、流动摊点、农村红白喜事饮食等监管仍有"管理空白"和"管理交叉"问题。

（5）执法环境差，政策执行难。一是少数监管人员失职、渎职。二是地方保护主义观念根深蒂固，条块管制结构也不断增加食品安全管制的成本。对于双汇这类全国著名企业，其有效发展不仅仅能推进整个区域的经济发展，对漯河市以及整个河南省政府的绩效影响是相当可观的，在考虑到地方利益的情况下，当地政府机关在第一时间控制事态发展、浇水灭火而非及时协助调查处理，放纵企业酿成不良的严重后果。三是劣币驱逐良币。在缺乏有效监管的情况下，食品只要能迎合消费者的直观判断，就能卖上好价钱。添加"瘦肉精"后，猪就成了"健美猪"，收购价就高，结果自然是违法者竞争力强，劣币驱逐良币。四是执法方式不当。执法者需要给市场明确的预期，无论何时何地都以明确的标准一以贯之地惩罚各种违规行为，不能让人存有侥幸心理。但现实情况有时是，在重大安全事件发生之后开展"运动式"执法，缺乏长效机制。

4. 对于当下各主体参与食品安全监管的思考

消费者：消费者有效地保护自身安全，维护切身利益的意愿，是遏制食品安全违法犯罪事件发生的源动力。

政府：建立科学的食品安全监管体系，对违法犯罪事件进行彻底的打击和清除，是维护食品安全的根本保障。

企业：守住职业的道德底线，树立从业的诚信理念，加强员工的职业操守，建立企业的食品安全标准，是使食品安全走上健康良性轨道的直接因素。

5. 对于食品安全监管有效性构筑的思考

（1）加强宣传教育，提高全民素质。一是对全民进行食品安全知识的宣传教育，利用一切媒体宣传食品安全科普知识、科学种植养殖知识等。二是加强社会主义道德的宣传教育，加强社会信用、企业信用和个人信用的建设，形成诚实、诚信的社会氛围。全民素质提高了，食品安全问题才能从根本上得到解决。

（2）找出农产品安全问题发生的源头和真相，使监管有的放矢；加大对食品市场的监管力度，从源头、生产、流通、销售各环节控制食品污染，加大对涉及食品安全事件责任企业与责任人的惩罚和打击力度，健全市场管理和食品生产许可证制度、食品市场准入制度和不安全食品的强制返回制度，确保消费者吃上放心安全的食品。各级质量监督管理部门，要经常对农产品和食品实行监督抽查，增加抽查的次数和覆盖面。对制假、售假不法行为，要从严、从重予以打击，形成一种高压态势，使不法分子不敢铤而走险。"瘦肉精"事件的问题究竟出在哪个环节？控制农民的养殖环节固然重要，但农民所使用的动物违禁药品"瘦肉精"从何而来？是谁在为"瘦肉精"的流通打开窗口？在问题发生的时候找出问题的真相是最重要的，这样才能最大限度地缓解群众对事件的恐慌情绪，使之对政府产生信任感。

（3）加强对农产品质量安全的源头控制，调整经营方式。"瘦肉精"事件发生后，双汇提出了六条整改措施，其中一条是加快养殖业发展，进一步完善产业链，增强企业对产业链上下游的控制力。这听起来还是太"空"太"泛"。农产品组织化、标准化生产一定是未来的潮流和趋势，此次"瘦肉精"事件再次让我们感到农业产业化、生产标准化的紧迫性。目前我国农产品生产较为分散，如果出现问题，源头控制相当困难，因此今后要逐渐提高我国农业生产的组织化程度，加快农民专业合作社的建立，逐步实现"农超对接"；实现农业生产的标准化，建立农产品质量安全可追溯系统，增强农产品监管的可行性。

（4）提高检测技术水平，为保障食品安全提供技术支撑。无论是源头管理、市场准入、产品抽检，还是进出口把关等，都要有相应的检测手段。当前，我国的食品安全问题也对质检机构的检测水平和能力提出了挑战，对质检机构提出了更高的要求。为适应新形势下的检测工作，质检机构一方面要加强硬件建设，不断充实新的仪器设备，采用先进的测试手段，另一方面要有一批高素质的专业检测人员，不但精于检测工作，了解检测技术的发展趋势和动态，具有较高的理论水平和丰富的实际工作经验，还要了解当前食品的制假动态，善于从产品的外观捕捉到产品的违禁添加物，为产品质量监督和打击假冒伪劣产品寻找到直接的突破口。

五、课堂安排

1. 案例回顾

运用大约 30 分钟的时间进行双汇案例回顾，在回顾过程中用视频播放器和音频播放器播放相关的新闻报道和案例解读座谈。

2. 案例设问

在案例回顾结束后，向学员提出 3~5 个相关问题。将学员分成若干组，不同的问题由不同的组回答。

3. 案例讨论（第一次）

案例设问后，引导学员进行第一次课堂讨论。课堂讨论利用小组讨论的形式，由不同的组回答不同的问题。所有小组回答完毕后，进行共同讨论，各小组可针对其他小组所回答的内容进行提问和反驳。

4. 教师点评（第一次）

教师对各小组回答问题的情况及辩论环节相关论点进行分析点评。

5. 案例深化

教师对本案例进行深化，向学员提出 2~3 个与案例有关的深层问题。

6. 案例讨论（第二次）

引导学员进行第二次课堂讨论，此次讨论不分组，自由讨论，结束后如有争论，继续进行辩论环节。

7. 教师点评（第二次）

教师对学员回答问题的情况及辩论环节相关论点进行分析点评。

8. 教师总结

教师对双汇案例所反映的要点进行全面总结，并向学员提出今后学习的相关建议。

六、其他教学支持

1. 计算机支持

Microsoft Office 软件 Word、Excel 和 PPT 的全面运用。

2. 视听辅助手段

教学过程中使用了影音播放器。影音播放器支持本地播放与在线视频点播，其在案例教学中的使用让学员获得了充分的案例视听资料。

河北"7·19"洪灾引发的交通安全案例分析

摘要：本案例以河北"7·19"事件为例，描述了此次洪灾发生的经过，介绍了洪灾对道路交通和受灾区造成的影响，分析政府相关部门的应急措施，评价政府在交通应急中的行为，找出其可取和不合理之处。此案例中的问题在公共安全与应急治理中普遍存在，具有重要的分析价值。

关键词："7·19"洪灾　政府　应急治理　交通安全

2016年7月19—28日，河北大降雨。从全省来看，石家庄、邯郸、邢台受洪水影响最为严重，不少道路被水毁，影响了交通运行。洪水造成了5段高速公路、39段干线公路、2510条农村公路、1435个村庄交通中断，全省公路水毁里程达7343公里。①

河北"7·19"洪灾造成了严重的经济损失和人员伤亡，引起了全国的关注和讨论。政府在这次救灾行动中发挥了至关重要的作用。河北的相关政府部门在交通安全与应急治理中是如何做的？下面就揭开这起事件的面纱，展现事件的经过。

1 案例前言

1.1 河北省地形和交通情况知识介绍

河北省东西部地形不一样，东部是海河平原，西部是太行山区。西部由于受太行山地形的影响，暴雨发生的次数远大于东部。

河北省境内的交通干线，在铁路方面，包括了京广铁路、京九铁路、京沪铁路、京包铁路等主要铁路干线；在公路方面，包括了多条国家干线公路和高速公路。河北的铁路货物周转量居全国大陆省份第一位，公路货物周转量居全国大陆省

---

① 《河北交通"7·19"特大洪水灾害抢险救灾纪实》，http：//www.chinahighway.com/news/2016/1039791.php，2016年8月8日。

份第二位，高速公路通车里程居中国大陆省份第三位。① 在全国的交通运输中，河北省的交通干线处于南北交通通行关键的位置。

1.2 河北省降水特点

河北省地处北方，相对南方来说降水较少。河北省多年平均降水量为531.7毫米。② 8月是河北省的雨季。夏季降水有急、大的特点，来得快去得也快，但是在排水基础设施不足的情况下，易出现排水不畅、积水过多的问题。山区由于地形复杂，暴雨、大风等灾害性天气时有发生，在暴雨后易出现泥石流、滑坡、塌方等地质灾害，破坏交通通行、造成人员伤亡。

2 河北"7·19"洪灾概况

2.1 异常大暴雨

河北省从2016年7月12日开始局部降雨。7月19日凌晨，开始大范围强降雨。西南部山区出现大暴雨，邯郸西南部、邢台、石家庄、保定持续大暴雨。到20日下午，降雨强度减弱。

2016年7月中旬，河北省平均降水量163毫米，比常年同期多2.13倍。③ 秦皇岛、唐山、保定、石家庄、邢台、邯郸等地区的降水量达到了近几年的新高。从河北省整体或局部的降水量和有关资料来看，2016年属异常情况，河北省近些年未遇到这样大面积降雨、持续性暴雨的情况。持续大暴雨造成了水量在短时间内大幅增加，不仅超过了河流的最大蓄水位，也超过了水库的最大容量，在这样的情况下洪灾不可避免。暴雨对市区造成了城市积水过多、车辆通行受阻、市民生活不便等问题。在山区，暴雨间接引发了泥石流、滑坡以及塌方事故。对交通的影响有桥梁被洪水冲毁、公路上堆满碎石、通行道路塌方、村庄断交等。

由于河北地处北方，河流和湖泊等较少，蓄水等基础设施缺失，因而在降雨量异常增多的情况下引发洪灾。强大暴雨使水量急剧增加，河流、湖泊、水库在短时间内水量暴涨，水库自身蓄水能力不足而不得不泄洪。洪灾一方面造成了很大的经

---

① 《河北概况》，http：//hebei. hebnews. cn/2010-11/03/content_1179210_5. htm，2010 年 11 月 3 日。

② 《水资源》，http：//www. hebei. gov. cn/hebei/10731222/10758946/10758963/index. html，2016 年 8 月 6 日。

③ 《河北 7 月中旬降水较常年多 2.13 倍》，http：//hb. jjj. qq. com/a/20160722/026577. htm，2016 年 7 月 22 日。

济损失，另一方面使得河北省各地区的交通受到了很大影响。

2.2 暴雨、洪水破坏交通

河北省 7343 里程的公路受到洪水影响。由于强降雨和洪灾的影响，加之相关政府部门没有采取预警措施和交通保护措施，山区出现滑坡、泥石流、塌方等地质灾害现象，进而导致部分公路、桥损毁、无法正常使用，交通通行受阻，甚至出现了部分村落断交的情况。

截至 2016 年 7 月 21 日统计，高速公路损毁路面 4200 平方米，普通干线公路损毁里程达 350 公里，农村公路损毁里程达 1900 公里。[①] 大量的公路、铁路受毁，其画面触目惊心。短时间内，车辆无法通行，有些地区因断交引发了其他问题。因洪水围困，村庄交通中断，无数个村庄成了"孤岛村"。

在交通安全灾情发生后，河北省交通运输厅启动一级应急响应，派出工作组，成立灾后重建指挥部，下拨应急专项资金，集中建路桥集团有限公司、省交通规划设计院、地方交通运输局以及相关专家、技术人员等参与救灾。[①]政府的交通抢修行动迅速，在一定的时间内抢修完成了全省大部分的损毁路段，使得交通得以恢复，"孤岛村"消失。

除了河北省交通部门，石家庄、邯郸、邢台等各地区的交通运输部门也紧急采取行动，集中力量投入到救灾行动中，全力抢通道路，保障救灾物资的到达。省民政厅、财政厅向灾区下拨预算、输送生活物资，帮助灾区民众渡过难关。在短时间内，抢通了"孤岛村"的部分道路。还有一些当地的交通部门展开了自救工作，减轻了抢修人员的工作压力。

2.3 官民矛盾——村民堵路

2016 年 7 月 22 日，村民堵塞国道，展开抗议活动，要求与政府对话。村民们堵住国道，使得交通无法正常进行。一些村民由于村内的伤亡严重，情绪过于激动，还与执法人员产生了冲突。

7 月 19 日晚 8 时，河北邢台市邢台县委宣传部官方微博发布邢台县西部山区的汛期紧急的消息。7 月 20 日凌晨洪水进村，河北邢台的大部分地区受到影响。在洪水进村后，有消息称未造成人员伤亡。但是据 2017 年 7 月 23 日发布的统计数据，受灾人数超过 103.4 万人，截至 23 日 7 时，洪灾已造成 25 人死亡、

---

① 《强降雨致河北省 44 条段干线公路损毁 交通部门全力抢通中》，http：//hebei. heb-news. cn/2016-07/21/content_5674974. htm，2016 年 7 月 21 日。

13 人失踪。①

官民矛盾激化引发网络舆情。据村民所说，政府相关部门的消息通知太慢，洪水进村后才通知村民。在村子被淹后，转移群众的队伍才到达。由于当地政府的行动滞后，导致了村民们在不知情的情况下，遭受了严重的经济损失，更严重的是造成了 25 人死亡的事实。

一张名为"邢台一官员向水淹灾民下跪求理解"的图片在网络上引起了人们的热议。该官员表示，因为很大的降雨导致洪水漫过了河，才导致村庄被淹，下跪是希望求得村民的理解。而一些村民则坚持认为水库泄洪才是村庄被淹没的原因，也是造成人员伤亡的原因。双方言论不一，政府陷入"塔西佗"陷阱，即不论当地的政府说什么村民们都不相信。而官员在接受媒体采访时表示并未发生人员伤亡的不当发言更是加速了官民矛盾的激化。

3 案例分析

3.1 监测预报

2016 年 7 月 18 日河北局部出现大暴雨，19 日凌晨开始大范围降雨。河北省气象台于 19 日晚 20 时发布暴雨红色预警，21 时省防汛指挥部启动三级防汛应急响应。在此次河北"7·19"事件中，暴雨红色预警应该在大暴雨到来前预警提示，但是此次预警是气象局在大暴雨后才发布的。暴雨预警的延迟发布显现出这起洪灾事件中对可能存在灾害的监测预报能力不足。邢台村庄被淹的过程中，当地的政府部门发布消息仅选择了微博平台，进村转移群众不及时，使得当地政府的公信力缺失，陷入"塔西佗"陷阱，引发了官民矛盾冲突。

自然灾害的预警消息应该在自然灾害发生前发布。针对特大的灾害，还应由当地的媒体进行报道。没有及时地发布暴雨预警，引起民众重视的可能性就降低了。信息的传达具有延时性，暴雨预警的消息需要一定的时间才能被民众所知。相关政府部门行动迟缓的重要原因是洪灾预警机制和应急机制不完善。洪灾预警机制的不完善使得当地的政府部门没有收到准确的、及时的灾情信息，导致灾情发生后政府才反应过来。应急机制不完善，一方面是指在此次事件中居民的应急能力不足，另一方面是指政府部门的快速反应能力不足。公众的应急能力不足反映在在洪灾面前茫然失措，在灾难面前的自我保护能力不足；政府部门的反应能力不足反映在当地的政府部门在抗洪救灾时不及时，在灾情发生后才奔赴现场。

---

① 《截至 23 日 7 时洪灾已致邢台全市 25 人死亡 13 人失踪》，http://news.ifeng.com/a/20160723/49575700_0.shtml，2016 年 7 月 23 日。

3.2 应急预案

《中华人民共和国突发事件应对法》第二十四条规定，公共交通工具、公共场所和其他人员密集场所的经营单位或管理单位应当制定具体应急预案。石家庄、邯郸、邢台等地区的交通运输部门在第一时间启动了应急预案。从理论上分析，没有预案的行动易使抢救队伍陷入"无头苍蝇"的环境，降低工作效率。应急预案是行动的方案，对救灾行动有指导作用。在公共危机发生后，政府相关部门应制定应急预案，预案应包括救援队伍、救援物资投放、指挥人员等内容。应急预案不可纸上谈兵，而必须建立在公共危机的实际情况上。

3.3 应对公共舆情

在关于公共交通通行的舆情上，当地政府应及时发布交通路毁和抢修消息。按往年的降雨规律来看，河北的降雨集中在7、8月。与南方相比较，北方的降雨相对较少，蓄水的湖泊和河流较少，在持续性大暴雨的情况下政府应该迅速发布舆情信息，提醒民众做好防洪准备，引起民众的关注。面对大暴雨造成的洪灾，河北省的排水基础设施建设较薄弱，不足以应对，政府处理此类问题的经验不足不仅仅表现在速度迟缓，还表现在相关政府部门应对公共舆论的能力不足，在大众的声讨中过于被动。面对公众的疑问，官员的回答含糊不清，甚至发布邢台村庄被淹无人死亡的虚假消息。官方的"好消息"在网络上被热烈讨论，关于死亡人数过多的负面舆情在网络上发酵后，官方被动地回应，暴露出其公信力不足。

3.4 专业的应急队伍

《中华人民共和国突发事件应对法》第二十六条规定，县级以上人民政府应当整合应急资源，建立或者确定综合性应急救援队伍。在整个救灾活动中，专业组织起到了至关重要的作用。如：河北省交通运输厅组派出工作组，成立灾后重建指挥部；地方的交通部门救援小组，开展交通安全类的救援工作。另外，河北省交通运输厅组织专家和技术人员支援交通工作，调查公路的损毁情况，全面掌握全省的公共交通状况；河北省交通运输系统出动行业抢险力量，在交通安全类的救援工作中也起到了重要的作用。

在公共危机中，交通安全方面的管控需要有专业的应急队伍，以保证抢修工作的快速度和高质量。公路、铁路、村道都是货物、车辆、人员通行的载体，道路保持通畅是交通安全的重要内容。在自然灾害的应急处理中，交通安全应该被放在重要的位置，要在第一时间抢修道路、清除路障、修复破损，保障车辆和行人通行。在此次"7·19"洪灾中，专家和企业是交通抢修中的重要角色，其与政府相关交通部门的合作促进了河北省交通运行的恢复。

3.5 案例的社会意义

河北 "7·19" 洪灾是北方在2016年7月出现的自然灾害的典型案例，不仅损毁了大量的交通道路，使景区和在建的项目受损、果树受损，还造成了人员伤亡，引起了网络热议。

交通一方面是经济运行的通道，另一方面是人们出行的基础。交通一旦被破坏，会严重影响到生产与生活。大暴雨引起的洪灾损毁了河北省的部分公路，农村公路的受损情况较严重，出现了 "孤岛村"。道路无法通行，不仅影响到了人们的生活，还影响到了经济运输。相关交通部门及时抢修道路，这体现出了交通部门的高效率，也为其他地方的交通部门树立了一个较好的榜样。

关于河北邢台12个村庄被淹、村民堵路的帖子在微信朋友圈、微博等社交媒体上被疯狂转发，引起了人们对官民矛盾的关注。尽管官方在媒体面前给出了解释，但是地方政府不仅形象受损，而且公信力减弱。官员跪地求理解和村民与执法人员冲突事件都树立了一个负面的政府形象。政府官员是人民的公仆，一切的行为都应该以人民的利益为先。政府在救灾中应该加强与人民群众的沟通，不仅在信息的传达上要及时，在安抚灾民的方式上也要得体。

"7·19" 洪灾的发生给了政府应建立危机管理系统的警告，要让一些政府部门深刻认识到，救灾预警系统、执行系统、恢复重建系统都需要得到一定的改善，才能在灾难发生时及时有效地降低损失。在灾难面前，政府部门必须及时行动。在灾情宣传、信息传播方面，政府部门也需要加大力度进行改善，与媒体建立合作关系以传播灾情信息。政府要加强信息沟通系统的建设，与灾区的民众保持联系，使灾情信息能够及时传递给民众。

4 案例总结

4.1 案例评价

在修复毁坏的交通道路方面，交通部门的救灾及时有效，在短时间就修复了被毁的路段。在河北省相关交通部门的共同努力下，河北省内的交通在短时间内恢复了运行，这体现了河北省交通运输厅及石家庄、邯郸、邢台等地交通运输部门的合作精神。省民政厅和财政厅给予灾区的物质和金钱上的支持，为石家庄、邯郸、邢台地区的灾情缓解提供了及时、可靠的帮助。在抗洪救灾中，财政资金的缺乏会影响到整个救灾过程的开展，如果财政资金中断，很多设备将无法运转，救灾人员也无法顺利开展工作。救灾物资的及时到达也为灾区人民提供了良好的后备基础。

应急管理系统的重要一部分是预警系统。预警包含了对已有灾害和可能发生灾害的监测预报。河北的灾情预警系统在"7·19"洪水中显现出了问题。一般来说，北方较南方雨水较少，因而发生洪涝灾害的可能性更小。但是 2016 年七八月较往年来看，全国的雨水量都高于常年。在 7 月 19 日之前，南方有些地区已经出现了大暴雨并被报道，影响到交通和人们的正常生活。在这样的情况下，暴雨的预警应该放在更重要的位置，并加以大篇幅的报道，引起人们的重视。

农村地区的通信设施没有城市里发达，关于洪水的相关信息的传达需要较长时间。农村信息的闭塞，影响到村民的知情权。在抗洪救灾面前，速度是转移群众、抢通道路的关键。特别是在转移群众方面，时间就是生命。相关政府部门反应迟缓，消息发布不及时，影响到了救灾的速度。在洪灾面前，人的生命十分渺小，若相关的政府部门消息传播过慢则易出现人员伤亡。邢台的 12 个村庄若是在洪水到来之前就得到消息，那便可以及时地转移，进而减少人员伤亡。

4.2 案例反思

气象部门应加强对暴雨、冰雹、暴雪等灾害性天气的预测，及时发现潜在的特殊天气状况，在发现后应该立即与相关部门联系，再通过多种渠道如电视、网络、报纸等将消息散布。政府应该在得知洪水到来之前就有所防范，在灾害发生前负责将消息传播到每一个可能会被波及的区域。

要构建良好的官民关系。地方政府在救灾过程中，应避免官民矛盾出现。此次事件中关于官民矛盾的报道，严重影响了该地区政府的形象，减弱了政府的整体公信力。政府的形象应该是公正的、为人民服务的，而不是损民利己的。天灾会造成经济损失和人员伤亡，而天灾中为官不正的行为会造成更大的负面影响。官员应该端正自身的态度，杜绝损害人民生命利益的行为，增强对危机事件的处理能力。构建良好的官民关系，就需要地方政府主动靠近人民群众，在灾难面前以人民群众的利益为主，始终把人民群众放在最重要的位置。一旦发现有危及人民利益的行为或灾情，应立即采取行动。

我国的应急管理机制目前还不完善，危机管理平台还有待健全。在灾难和危机面前，政府不能放松应急管理，要以高要求衡量自身行为，增强危机治理能力。天灾难以避免，但是健全的应急管理机制可以使我们在灾难面前及时制定救灾之策，有序救灾，减少经济损失和人员伤亡。

思考题

1. 河北省"7·19"洪灾中，政府在交通安全方面做了哪些工作？
2. 河北省的灾情监测和预报系统存在怎样的问题？
3. 监测预报系统在公共应急管理中扮演着怎样的角色？

4. 在公共应急治理中如何避免关联性问题出现？

5. 北方因为降雨比南方要少，因而发生洪涝灾害的概率要低得多。抗洪基础设施的建设需要耗费大量的人力和物力，"养兵千日用兵一时"，你觉得应该将大量的财政资金投入到河北省抗洪基础设施之中吗？

6. 地方政府在公共应急管理中应如何提高行动效率？

案例教学手册

一、课前准备

课前收集相关的资料，全面了解河北"7·19"洪灾事件的发生经过和结果。针对现有的案例，制订教学计划，安排教学进度。将资料汇总后制作针对本案例的PPT课件，挑选上课所需要的音频资料，制订小组分组计划。另外，在课前通知学生做好公共危机处理和交通安全政府管制理论的课前预习，让学生在课前对案例教学中涉及的知识点有一定的了解。

二、适用对象

公共管理专业学员，相应的政府职能部门学员，对危机管理、交通安全感兴趣的学生。

三、教学目标

1. 了解事件的经过，探究出现的问题

通过对河北"7·19"洪灾引发的交通安全问题的梳理，学生可了解整个案件发生的经过。介绍案例中主体的行为，分析主体在案例中的角色和功能，以及主体行为的合理和不合理之处。通过对案例的分析，发现问题，并剖析问题产生的原因，引导学生思考解决问题的路径。

2. 总结公共危机事件的经验和教训

近年来，公共危机事件越来越具有突发性，政府在对危机事件的处理中暴露出越来越多的问题。分析本案例危机事件处理中出现的问题，总结政府行为的经验和教训，引导学生客观地认识自然灾害方面的突发事件和政府行为决策，深入看待案例中由于洪灾和村民暴动引发的交通安全问题和关联性社会问题。案例分析，主要包括对政府行为、监测预报、应急预案、应对公共舆情、专业的应急队伍、案例的社会意义等的分析。对当地政府来说，这是一次公共危机，考验其对突发事件的管控能力。总结此次事件的经验和教训，明确政府在公共危机中的角色和功能，有重

要的意义。

3. 培养学生独立思考，分析问题和解决问题的能力

学生应通过本案例，分析和评价政府相关部门的应急措施的合理与不合理之处。此案例的教学目的之一是培养学生对公共危机事件的分析能力和独立思考的能力。此案例中的问题在公共安全与应急治理中普遍存在，学生可参考此案例来分析其他类似公共危机问题。

四、要点分析

1. 案例中的几个关键词

"7·19"洪灾、政府、应急治理、交通安全

2. 案例中的相关主体

政府、民众

3. 问题分析

（1）抢修损毁交通。持续性大暴雨和洪灾造成了非常多的交通问题，如道路塌陷、桥梁洪水冲毁、村庄断交等。河北省政府组建工作组和灾害重建指挥部，在短时间内抢修道路，恢复了道路通行，减少了经济损失，使得应急物资能快速到达灾区。

（2）灾情信息发布过慢。在洪灾急速发生的情况下，灾情信息发布太慢，政府在灾情面前行动迟缓，主要表现为邢台村庄被淹，地方政府部门没有及时将洪水进村的消息通知给村民，造成村民死亡人数过多。其事件的结果是引发了官民矛盾，村民继而堵塞道路，影响通行。地方官员的不负责行为，使得当地的政府公信力降低，政府形象受损。需要注意的是，消息的发散是一个过程，需要一定的时间，而且消息的发布平台受限于一部分群体。在公共危机的处理中，消息的发布需及早，且建立在信息真实可靠的基础上。

（3）公共危机预警机制的缺失。交通安全的预警应包括自然灾害、人为群体冲突等可能导致公共交通瘫痪的潜在危机。河北"7·19"洪灾中，政府更多的是关注已经发生的问题，对于暴雨和洪灾的预警缺失。建立完善的公共危机预警机制，是减少不必要的损失、造福民众的关键。

（4）缺少与民众的交流。在邢台村庄被淹的过程中，当地的政府部门发布消息仅选择了微博平台，进村转移群众不及时，使得当地政府的公信力受到影响，陷

入"塔西佗"陷阱，引发了官民矛盾。从以往的群体性冲突来看，当时引发交通安全问题的可能性是极高的。政府应该在官民矛盾发生后，与村民展开交流，寻求村民的理解并挽回村民的损失，尽力缓解双方的矛盾冲突。

4. 对政府处理公共危机的思考

（1）预防公共危机事件的发生是政府工作的重要部分。面对自然灾害时，及时、准确的预警机制能减少经济损失和人员伤亡。在这起洪灾事件中，对可能存在灾害的监测、预报能力不足，政府应该预测到洪水发生的可能性进而采取预防措施，减少不必要的损失和伤亡。

（2）民众获取灾情信息的渠道有待拓宽。政府通过一定的渠道发布灾情信息，民众获取灾情信息后采取相应的措施，这是一条信息发布和获取的线路。民众在灾情发生时，对政府发布信息的平台和渠道一无所知，会使得信息的发布流程中断。政府宣传部门和社区组织应该拓宽灾情信息发布的渠道，并加强对逃生知识的宣传，避免因群众所在的地区闭塞和群众获取消息的能力不足，而造成不必要的损失和人员伤亡。

5. 建议

（1）建立危机管理平台和灾情预警机制。完善的灾情预警机制有利于及时获取自然灾害发生的时间和地点，及早发布灾情信息。危机管理平台建设应是政府公共危机管理工作中的重点。

（2）增强官员的应急处理能力。此案例显示，一些官员在危机事件处理中能力不足，对民众没有责任感。重建政府的信任机制，必须提升官员素质和能力。

（3）注重对可能引起公共交通安全问题的灾情的预测，在事发前做好预防措施和抢修准备。在公共交通事故发生后，在最短的时间内抢修，使得应急物资和救援人员能及时到达目的地。

（4）注意公共危机问题引发的关联性社会问题。此案例中，洪灾导致村庄被淹、村民死亡，而引发了村民堵塞交通的事件和负面舆情。因而政府危机管理必须注意处理好政府与民众的关系，避免关联性社会问题出现。

五、课堂安排

1. 案例回顾

首先，在课堂分发案例资料，用30分钟左右的时间让学生阅读案例资料。其次，通过提问的方式对案例的经过、政府的行为、事件的后果和民众的反响等核心问题进行梳理。最后，帮助学生理清思路，提出一些问题引发学生的思考。

2. 介绍相关理论

介绍我国公共交通安全管理的现状和现有的危机管理方法，讲解政府在公共危机中的角色和功能。结合理论知识和河北"7·19"案例进行分析，深入剖析政府在此案例中的行为，找出问题存在的原因并提出可行的建议。

3. 案例讨论

教师设计 3~4 个与本案例有关的问题，分小组讨论后点评。

（1）分组。

按学生人数合理划分小组，选出小组组长，分配小组要讨论的问题。

（2）小组讨论。

小组内成员围绕选取的问题进行讨论，并做好记录。

（3）小组组长汇报讨论结果。

小组组长代表全组表述小组成员的讨论结果。

（4）教师点评。

教师针对每小组组长的发言给出评价，并穿插讲解问题的分析方法，以及教师本人对这个问题的看法。

（5）学生发言。

有问题的学生举手发言，教师针对问题作出分析。

（6）教师总结。

总结此次小组讨论的结果，结合学生课堂学习的表现提出问题，引起学生对公共危机问题的思考。

六、其他教学支持

1. 计算机支持

有一台装有文档处理软件的电脑，支持 PPT 播放、Word 文档阅读。教室内配备有投影仪，并能正常使用。

2. 视听辅助手段

电脑装有视频播放软件，支持新闻视频正常播放。

专 车 监 管
——基于武汉专车市场调查的案例分析

摘要： 2015 年 8 月 10 日上午，武汉出租车司机进行集体罢工，出租车队打开双闪灯从长江二桥到中北路、中南路沿线空车游行。此次游行规模之大、路线之长导致半个武汉交通瘫痪。一时之间，武汉出租车迅速占领各大网站头条，引发全社会热议。此次事件爆发，是由于专车出现后，专车与出租车矛盾升级，专车的进入导致出租车行业既得利益严重受损，遂发生一系列出租车司机围堵专车司机以及游行等事件，扰乱了公共交通秩序。专车的出现是福还是祸？社会各界怎么看待专车的出现？政府如何监管专车？本案例建立在对武汉市专车市场调研的基础上，发放问卷 600 份，收回 538 份有效问卷，对消费者、专车司机、出租车司机、交管部门人员采用了问卷、访谈等形式，以武汉三镇为范围进行调查统计，旨在探讨武汉市专车改革路径。专车问题可以说是一个全国性的问题，因此，对该案例的解剖具有普遍意义。

关键词： 专车　　出租车　　出租车改革　　政府管制

1 案例前言

1.1 何谓专车？

2013 年，一种新的出行方式呈现在武汉市民的面前——专车。专车，是对互联网预约车的简称。专车服务是一种依附于手机打车软件进行实时打车的服务。2016 年交通运输部颁布的《网络预约出租汽车经营服务管理暂行办法》中指明：本办法所称网约车经营服务，是指以互联网技术为依托构建服务平台，整合供需信息，使用符合条件的车辆和驾驶员，提供非巡游的预约出租汽车服务的经营活动。消费者通过下载使用专车软件达到打车出行的目的。当乘车者进入软件界面发送出行需求时，附近的专车司机通过软件的司机客户端接收订单，并进行抢单。抢单成功的专车司机致电询问出行者具体的位置，并进行接客。乘客上车之后，软件通过卫星定位核算路程及计算价格。当乘客到达目的地，由司机在打车软件上点击结束本次搭乘，乘客用自己的手机软件支付相应的金额。由于专车前往乘客所在地进行接送，提供一种中高档的专门服务，故称为专车。2013年打车软件面世后，先是由出租车司机使用，后不断扩展到汽车租赁公司旗下部分车辆以及私家车。

专车兴起于新媒体时代，是伴随着打车软件的广泛运用而兴起的新型出行工具，在武汉市使用范围较广的"专车"软件有滴滴出行、优步等。以滴滴出行下的滴滴专车为例，它推出于2014年8月，为高端商务出行人群提供服务，也是针对传统出租车行业推出滴滴打车之后上线的第二款产品。滴滴打车面向传统出租车用户群体，而滴滴专车则面向中高端商务约租车群体，对用车行业的覆盖面更广，出行方式呈现多元化。目前，滴滴出行提供出租车、快车、顺风车、代驾、专车等服务，当出行者进入界面选择相应的服务后，系统自动定位显示附近车辆。出行者在选择目的地之后，系统将通知附近各位车主进行抢单，抢单成功的车主联系出行者进行接送。同时滴滴提供预约服务，乘客可在指定的时间出行，提前预约车辆。

打车软件与"专车"的出现，一方面弥补了传统出租车行业服务供给的不足，另一方面提供了一种更优化的利益分配格局，在一定程度上解决了传统模式中乘客不满意服务、司机不满意收入的问题。

1.2 专车一现，风云四起

从2013年武汉市注册第一辆专车起，截至2015年10月，武汉市共有专车10多万辆。专车大批量涌入市场，使得公共交通领域发生了巨大变革。专车不但改变了人们的出行方式，更是给传统出租车行业带来巨大的变动。在全国范围内专车与出租车行业之间的矛盾逐渐成为社会热点，武汉市作为中部地区大型城市的代表，专车问题也较为突出，具有典型的研究价值。

2015年4月，武汉市交通运输委员会客管处对滴滴、优步、神州专车等打车软件平台进行约谈，要求各打车平台全面取消在武汉市的优惠补贴活动。同时，各打车平台要严格遵守法律法规，不得以低于成本的价格提供运营服务，造成不正当竞争；不得接入私家车运营；清理外籍车辆；定期向行业管理部门报送相关的运营数据；通过各自的网络平台公布承诺情况。

2015年4月底，武汉市客管处购置100辆特斯拉作为"官方约租车"投放市场，随后建立电动充电桩来为特斯拉提供后续服务，以此来缓解市场出租车紧缺的情况。

2015年6月15日，汉阳区公路运输管理所的执法人员，在钟家村铜锣湾广场附近查处1辆涉嫌非法营运的"专车"，随后大批专车司机赶到现场，引发大量市民围观，导致钟家村及周边道路严重堵塞。由于涉嫌钓鱼执法引发专车司机和围观群众不满，运管部门随后放了人和车，但并未归还车钥匙。

2015年8月10日上午早高峰时期，武汉出租车进行集体罢工，出租车队打亮双闪灯从长江二桥到中北路、中南路沿线空车游行。此次游行规模之大、路线之长导致半个武汉交通瘫痪。一时之间，武汉出租车迅速占领各大网站头条，引发全社会热议。据调查，此次出租车游行的矛盾焦点直指武汉市 7 万多辆专车，司机们想通过此次游行引起相关部门的重视，帮助他们"铲除"专车，恢复出租车一家独大的市场地位。

武汉市出租车集体罢工游行

2015 年 8 月 17 日，武汉市出租车行业管理部门根据《武汉市城市客运出租汽车管理条例》《武汉市城市客运出租汽车营运管理实施办法》等规定，对有车参与聚众扰乱交通秩序的出租车企业严厉追责。盛源汽车客运公司、华昌出租汽车公司、国兴实业公司被行业管理部门核减出租车经营权。盛源、国兴两公司执行总经理被公司解聘，华昌公司分管副总经理被处以行政警告，华昌公司总经理、党委书记按程序被给予党纪处分。①

2015 年 8 月 27 日，针对当前打车软件平台企业发展中存在的问题，武汉市交通、公安、交管、工商、地税、城管、通信、网信等 10 个部门成立联合调查组，对优步、滴滴、神州三家打车软件平台在汉企业展开联合调查，提出整改要求，限期进行整改。三家软件平台表示，将切实遵守法律法规，根据要求迅速整改，规范

① 《出租车违法阻碍城市交通 三家公司高管被追责》，http：//www. whjt. gov. cn/whskyc-zqcglc/hyjg/2015/08/27/69149. htm，2015 年 8 月 27 日。

自身行为，依法经营，自觉接受有关部门监管。

2015年10月，交通运输部颁布《关于深化改革进一步推进出租汽车行业健康发展的指导意见（征求意见稿）》和《网络预约出租汽车经营服务管理暂行办法（征求意见稿）》，进行为期1个月的公开征求意见，此举既是政府为进一步规范出租车行业实施的积极举措，也实际上为专车的发展提供了可行的依据。

2016年3月10日，武汉市交通运输委员会客管处再次紧急约谈滴滴、优步网络专车平台负责人，要求其增强法治意识，遵循市场规则，立即停止低于成本价补贴等不正当竞争行为；不得接纳不具有合法营运资格的车辆及驾驶员从事经营性道路运输，并在前期清理的基础上进一步加大清理力度，做合法有序经营。

2016年3月21日，武汉市出租车应对专车也积极采取措施，市内56家出租车企业合作共建出租车信息服务平台，推动出租车汽车行业与互联网融合发展。该平台为基于移动互联网的信息平台，对出租车营运地点的实时跟踪与定位，可随时根据乘客的"打的"信息，调离乘客最近的车辆提供服务。该平台对每一台出租车的全程服务实时监测，可分析车辆运营数据、违章情况、服务情况等。

2016年5月5日，为维护出租车行业的健康发展，市交通运输委员会客管处再次约谈多家打车软件平台，强调专车市场应该适应交通运输即将出台的新政，依法依规，信守承诺，停止不正当竞争行为，共同维护、营造公平的市场环境。各平台公司作出书面承诺，将按照行业管理部门的要求，进行整改。

2016年6月，武汉市交通运输等部门联合开展非法营运专项整治行动。一方面，责令平台对司机、车辆等相关信息进行审查，对不符合规定的人员、车辆实施清理清退，维护市场秩序；另一方面，各区交通运输管理部门及武昌、汉口、武汉火车站的站区综合管理办公室，推进"以区为主，属地管理"的工作机制，联合开展"黑的"整治专项行动。

2 专车之争，众说纷纭

专车自出现以来，其合法性与适用性饱受争议，专家、消费者、职能部门、司机、媒体等各方代表都发出了自己的声音。笔者在走访调查过程中对各方代表进行了采访调研，将其观点汇总如下：

2.1 专家

国务院研究室工交贸易司司长唐元表示，网约专车是在城市租赁汽车、私家车基础上的服务创新。发展网约专车能有效盘活城市存量的汽车资源，增加就业机会。网约车减少了自驾或搭"黑车"出行的需求，在解决出行难问题的同时，起到了遏制私家车过快增长的势头。他建议，规范网约专车要以缓解群众出行难、满足群众出行需求为出发点和立足点，以提高群众对城市交通满意度为目标，进一步明晰网约专车规范的思路，明确网约专车为出租车，完善法规、制订标准、出台政策，规范地方政府行为。

厦门大学城市规划专业教授王慧认为，"专车"在交通发展中产生了怎样的效应，需要科学考评。有人说专车、共享经济模式能带来资源节约和城市交通结构优化。但是，目前没有任何证据表明这样的效益产生，反而带来更多交通拥堵。

还有专家认为，网约专车模式存在空泛概念宣传、不正当经营竞争、事后赔偿三大隐患，政府应该进行必要监管。支持此观点的国家发改委城市中心规划院信息室主任姜鹏表示，目前争论的关键之一是如何处理好政府与市场的关系。有相当一部分人认为凡是市场化的就是好的，而他认为，对于公共服务、公共产品，完全市场化是无效的。比如出租汽车行业，应该保持价格相对稳定的长久性供给，在价格、准入和退出上都应有相应的限制。

2.2 消费者

在 2015 年针对武汉市市民发放的 600 份问卷结果显示，超过 80% 的市民知道或使用过专车，其中超过 70% 的人对专车服务持满意或非常满意的态度。在专车合法性问题上，38.8% 的市民认为合法，8% 认为不合法，40.5% 认为有待整改。

市民王先生在采访中指出，"专车的出现一定是由于市场需要，是时代趋势下一个很好的智能创新，既解决了市民打车难的问题，又避免了不必要的能源消耗，不能够因为出租车行业的抵制就取消或取缔。专车毕竟为武汉市提供了更加便捷的打车方式，特别是在武汉的炎炎夏日，有专车上门接送，岂不是很舒服？但是政府也不能放任其不管，要进行必要的管制，要不然安全问题谁来保障？让专车合法化、规范化是解决问题的关键，让其不再与出租车之间产生矛盾。"

市民张小姐这样说道："客户对专车的信息一点都不了解，存在信息不对称，这样容易产生安全隐患，而且专车的车型也不统一，是否存在不同车型不同价格？建议专车实行按身份证登记，便于进行管理，为公民提供投诉救济途径，对于违法操作者严惩。"

从市民的态度可以看出，大家对于专车还是持肯定态度，只不过在专车的规范问题上，政府部门以及打车软件公司还应共同努力，为其构建合法性、规范化路径。

2.3 武汉市客运出租汽车管理处

专车作为一种营运车辆，其存在是否合法，其行为是否应该接受政府监管，应接受政府哪个部门的监管和指挥？为此，在 2015 年 7 月我们走访了武汉市客运出租管理处，对团委负责人潘女士进行了采访。

在采访中，潘女士指出，"武汉市客运出租管理处主要负责全市所有正规有营运资格的出租车的营运证、服务质量等，专车并不属于我们的管辖范围。我们对它们没有约束行为，没有权利去监管它们。我们属于配合和督导，其他的比如说交通局这些单位进行打击非法营运。但是没有监管权，所以说我们单位肯定不属于主要负责（单位）。"在针对政府哪个部门有监管权的问题时，潘女士如是说："由于现在并没有任何的法律依据，我们无法对其进行定位，你说它违法吗？它不违法，因为根本就没有相关的法律，如果说非要有部门来指导的话，那肯定是市政府下发至交通局，然后由我们处牵头主要负责，但是现在市政府并没有发通知。"

2.4 出租车司机和专车司机

在对出租车司机进行采访时，大通出租车公司的一名"的哥"称："自从专车出现后，对我的影响很大，生意少了许多。跟专车相比，我们简直太苦了。当初花了30万买了车标，现在刨除每天向公司交的200元份子钱、油费钱和维修费，剩下的才是自己的收入，我们的压力也很大。专车出现后，公司根本没有保障我们出租车司机的利益，所有后果都是我们自己承担。我们去政府门口围堵也是迫于无奈。"但与此同时，这名的哥也承认专车的出现是有其道理的，出租车市场存在打的难、服务差、拒载等问题，因为存在市场空间它才有机会进入。但是由于风险问题，自己不会去做专车司机。

专车司机刘师傅是一名丰田凯美瑞的车主，2015年年初接触到专车，已接单141次，是一名专车行业的全职"老司机"。刘师傅称当初进入专车行业是朋友介绍，在进入初期，由于各大软件的"红包战术"，的确赚了不少钱。但现在由于政府的明文禁令，"补贴没有以前那么多了，利润也减少了，准备过一个月就退出"。刘师傅介绍"现在的私家车都是挂靠在租赁公司，并将行车证、驾驶证、保险等相关材料交于滴滴公司进行审核，审核通过就可以上路接客了"。刘师傅认为专车出现实际上是"给出租车行业的一个惨痛的教训，武汉出租车的绕路、拒载等问题给武汉市民留下了非常不好的印象，现在专车一出现，对比之下专车负责接送、服务态度又好，大家自然都会去选择专车"。

2.5 出租车公司

为了解专车出现对出租车行业的整体影响，我们特意对武汉市华昌出租汽车有限责任公司进行了采访。武汉市华昌出租汽车有限责任公司是国有企业，现在有1488辆出租车，又称为武汉市出租汽车公司，在武汉市是仅次于大通汽车出租公司的第二大出租车公司。自专车出现后，对出租车行业的确有很大的影响，以至于很多副班司机都去跑专车。负责人认为，"出租车和专车的竞争是不公平的。专车不用交份子钱，而且有私家车的人一般条件还是不错的，他们不存在温饱问题，但出租车却关系到驾驶员的饭碗和家庭支撑，一辆车关系到几家人的温饱和生活，一旦出租车垮了，很多家庭会受到很大影响，而且整个出租车相关的行业也会受到影响。"但是专车的出现并不是偶然，正是由于出租车供不应求，才会使得专车大量涌入。负责人表示，"车标的多少并不是我们说了算，是由政府决定；份子钱的多少也不是我们说了算，是整个行业所形成的。"

3　案例分析

3.1　什么才是最佳出行选择？

专车的出现实际上是为市场提供了一种新型的交通方式，为市民增加了一种新的出行选择。专车的出现并不是为扰乱出租车行业的发展，二者也并不是水火不容的两种结构。通过以下几个方面的对比，我们不难发现，出租车与专车之间各有利弊。从乘客感官角度来看：

（1）舒适度方面。武汉市出租车辆车型主要有新款爱丽舍、凯旋、风神等，这些车型的报价在8万元左右。而专车类型主要为中高端车辆，以易到用车服务平台为例，其服务车辆包括：中级车，大众帕萨特、君威、君越与丰田凯美瑞等；商务车，奔驰 Viano、别克 GL8 与奔驰 MB100 等；高级车，克莱斯勒 300C、奥迪 A6、宝马5系与沃尔沃 S80 等；豪华车，奔驰 S 系与宝马7系等。其报价均高于出租车，其舒适度与宽敞度也高于出租车。同时，出租车属于巡游车，需要乘客在街上等待，而专车使用者只需通过手机定位，便可让司机进行接送。

（2）服务质量方面。笔者观察发现，在武汉炎热的夏天，出租车司机为了减少营运成本，很少主动开空调，在乘客主动要求之后，部分司机还会以机器故障等理由拒绝。相反，专车司机不仅会主动开启空调，还会问询乘客温度是否合适。同时，车内还会配置矿泉水、充电器等设备来服务乘客。另外，在乘客拦下出租车后，司机会根据目的地以不顺路、交班、堵车等理由拒载，而由于专车软件的限制，专车司机在接受订单之后才能看到乘客的目的地，且拒单会产生高额的成本，所以一般情况下，专车司机的拒载率要比出租车司机低得多。

（3）安全性方面。出租车司机隶属相关的出租车公司，其人事档案在公司以及武汉市交通运输委员会客管处均有备份，其上岗有着严格的资格审查，至少要有三年以上的安全驾龄，而且要通过专门的上岗资格考试，取得从业资格证书。驾驶员（包括副班驾驶员）进公司前，公司不但要从驾龄、驾驶技能的考评方面进行严格的审核把关，必要时还要考察驾驶员对地理、法律、英语等相关知识的熟悉程度，还要尽可能地了解其他各方面的情况，包括个人品行、身体健康状况、家庭状况等，建立个人档案，动态掌握出租车驾驶员的个人发展情况。其坚决杜绝无从业资格的人员上路营运。而专车在司机的准入方面略显不足。很多私家车进入行业并没有进行严格的培训，只需提供个人信息即可，在人员安全性方面比出租车要低。近年来专车司机骚扰女乘客的现象时有发生。

3.2 专车发展，路在何方？

"易观国际"发布的《中国专车服务市场季度监测报告2015年第二季度》的数据显示，2015年第二季度，滴滴快的以82.3%的比例居于中国专车服务活跃用户覆盖率的首位。全国有300多万车辆提供专车服务，每天大约有400万人次通过专车出行，通过出租汽车出行的人次每天是300万，少于专车。同时，如表1所示，专车与顺风车司机数量远远超过出租车。这说明，专车已经渗透到居民的日常工作和生活，成为人们出行的重要选择。专车以后的发展到底路在何方，值得深入探究。

表1 智能出行数据

截至2015年9月30日	累计注册乘客数	累计可接单司机数
出租汽车		153万人
专车	2.5亿人	300万人
顺风车		550万人

数据来源：《中国交通年鉴：2015》

目前，国内立法尚在努力。从国家政策导向来说，2015年10月，交通运输部发布《关于深化改革进一步推进出租汽车行业健康发展的指导意见（征求意见稿）》（以下简称《指导意见》）和《网络预约出租汽车经营服务暂行办法（征求意见稿）》（以下简称《管理暂行办法》）。两个文件的出台明确了政府未来对传统出租车和专车的管理方向：出租车方面，将会提高出租车司机收益（"份子钱"调整与经营权无偿使用）；专车方面，给予专车合法地位的同时也对其增加了诸多限制。

文件一出台，社会各界对于专车未来发展境遇进行了热烈的争论。单从《管理暂行办法》来看，无疑是对专车行业设置了严苛的标准，提出了严格的要求。从专车注册来说，《管理暂行办法》规定专车车辆使用性质必须登记为出租客运，这就意味着私家车必须改变车辆属性，并存在8年报废期限。专车面世时以定位于高端服务为显著特色，运营专车的车辆也大多是价值不菲的中高端车辆，8年的报废期对于这些车辆来说不太合理，这势必会影响更多中高端车辆进入专车行业。从车辆运营者来说，《管理暂行办法》严禁私家车接入专车，不得以私人小客车拼车名义提供运营服务。禁止私家车进入专车市场，能够更加规范市场的人员组成，但也会使现有的大多数专车退出市场，极大地削弱了专车供给市场。这些问题都会使专车发展路径受到限制，专车市场何去何从成为当时热门的话题。

截至 2015 年 11 月 9 日 24 时，共收到社会公众反馈意见 6457 件，共梳理出针对两个文件条款内容的具体意见建议 5929 条。

关于网约车平台是否应纳入管理，《指导意见》提出，"预约出租汽车包括网络预约出租汽车和电话预约出租汽车等形式"，"网络预约出租汽车经营者作为运输服务的提供者，承担承运人责任。"《管理暂行办法》提出，"本办法所称网络预约出租汽车经营服务，是指以互联网技术为依托构建服务平台，接入符合条件的车辆和驾驶员，通过整合供需信息，提供非巡游的预约出租汽车服务的经营活动。"在 823 条意见中，认为应将网约车平台纳入管理的意见有 497 条，认为不应该纳入管理的有 326 条。关于网约车平台管理方式，《管理暂行办法》提出，"申请从事网络预约出租汽车经营的，应当根据经营区域向相应的设区的市级或者县级道路运输管理机构提出申请。"在 199 条意见中，主张对网约车和巡游车实行分类管理的意见有 148 条；有 40 条意见认为网约车许可方式的强制性地域分割不符合网络服务特点，加重了平台负担；还有 11 条意见认为，网约车平台不能打着任何创新或者共享经济的幌子搞特殊，应当与巡游车政策一致，彼此公平竞争。

关于网约车车辆性质，《管理暂行办法》提出，"拟从事网络预约出租汽车经营的车辆，由车辆所有人向服务所在地道路运输管理机构提出申请，并应当符合以下条件：（一）7 座及以下乘用车；（二）车辆使用性质登记为出租客运；（三）安装具有行驶记录功能的车辆卫星定位装置、应急报警装置。具体车辆标准、营运年限和车辆标识，由设区的市级或者县级交通运输主管部门，按照高品质服务、差异化经营的发展原则，结合本地实际情况确定。"在 846 条意见中，认为网约车车辆性质应登记为"出租客运"的有 440 条，持反对意见的有 379 条。此外，还有 27 条意见认为，面对"互联网+"的发展形势，应以互联网思维设立"网络预约车辆"这种新的车辆性质，介于"营运车辆"与"私家车"之间，并制定符合网约车特点的报废标准。关于网约车驾驶员条件及准入问题，在 205 条意见中，有 126 条认为，网约车驾驶员应满足有关条件并取得从业资格证，认为不需要取得从业资格证的意见有 66 条。

交通运输部相关负责人表示，对网约车平台管理方式、车辆条件、规范网约车经营行为、驾驶员权益保障、私人小客车合乘规范发展等方面的问题，还要进一步深入研究论证，对于合理部分充分吸纳，寻求出租汽车行业改革的最大"公约数"，切实让人民群众有更多获得感。2016 年，上述两个文件都经过修改，得到了正式施行。

4 国外政府监管各有千秋

专车的出现具有国际化特点，世界上很多国家都存在同样的问题。国外政府是如何处理专车问题的，又有哪些经验呢？

4.1 日本：禁止无资质车辆提供出租服务

日本因为完善的公共交通网络和高昂的打车费用，成为网约车服务的一片乐土。Uber 2014 年通过与东京出租车运营商合作，在当地开始提供叫车服务，提供服务的司机均持有商业运输许可证。2015 年，Uber 开始在日本南部的福冈市进行拼车业务试点。用户使用智能手机应用联系当地的普通司机，后者像出租车一般接送客人，但不向乘客收取费用。据日本共同社报道，Uber 会根据驾驶时间等向司机支付报酬，有些司机每周可收到数万日元的补贴。此举引起日本国土交通省关注。在 2015 年 3 月，日本国土交通省通知 Uber 停止在福冈市进行拼车业务试点。

与东京不同，在福冈提供服务的 Uber 司机没有申请商业运输许可证。日本国土交通省称 Uber 的做法违反了日本的《道路运送法》，该法条禁止无资质车辆提供出租车服务。此外，Uber 服务在汽车保险问题上不透明，可能会出现索赔纠纷。Uber 日本发言人反驳称：在福冈市的试点只是一个研究性项目，并不是官方服务；Uber 向司机支付的报酬并不是出于拼车服务，而是司机向公司提供的数据费用；公司将继续开展试点服务，并向司机支付油钱和数据通信费用。日本国土交通省官员表示并不满意 Uber 的回应，称"将继续要求其立即停止该服务"。

4.2 法国：Uber 涉嫌不正当竞争

2011 年 12 月，Uber 进驻巴黎，法国成为其在美国本土以外开拓的第一个海外市场。2013 年，廉价的专车服务——UberX 问世。2014 年 2 月，UberPOP 出现，个体即使不是职业司机也可以通过这个平台用私家车接揽客人。同年 11 月，Uber-POOL 降临，通过智能定位追踪，网约车可搭载同一条路线上的多名乘客，以便平摊车费。操作简单、价格低廉是 Uber 吸引法国乘客的不二法宝，由此对传统出租车行业的震荡不言而喻，两者之间的火药味越来越重，摩擦不断。

根据法国《世界报》报道，2015 年 6 月 12 日到 13 日晚，50 多名巴黎出租车司机联合行动，对抗拦截 UberPOP 车辆，要求乘客下车。出租车司机愤怒地表示："UberPOP 就是黑车，就是地下劳工！"面对激烈竞争，法国出租车公司向年轻乘客和夜间打车乘客推出了促销活动，为此 Uber 也降价予以回应，却招致约 50 名司机抗议。

Uber 对出租车的竞争是否合法？法国内政部给出的答案是否定的，Uber 因此被判 10 万欧元的罚款，Uber 公司对判决提出质疑。2015 年 9 月初，法国最高法院维持了对 UberPOP 服务的禁令，Uber 法国的两名高管也由于该服务而面临诉讼。在欧洲的其他国家，Uber 也遭到了出租车从业者的大规模抗议，政府不得不对 Uber 严格监管，判定 Uber 涉嫌不正当竞争。继法国之后，德国、西班牙相继禁止 Uber 运营。面对如此严厉的监管，Uber 上诉到欧盟最高法院——欧洲法院，希望由欧洲最高法院裁定，欧盟各国运输法律法规是否适用于像它一样的在线服务公司。此外，法国消费者协会（UFC Que Choisir）在 2015 年 6 月 11 日也表态否定 Uber，认为其存在严重的侵权行为。消费者在下载应用软件时，签署的知情协议完全倒向了企业一边。根据协议，如果违约，Uber 全责承担"最多不超过 500 欧元"的违约金，而"由病毒、恶意攻击造成"的损失 Uber 不负责任；个人数据隐私保护方面的规定内容只有英语版，至于数据是谁在处理，措辞模棱两可。法国消费者协会提醒消费者要警觉 Uber 的知情协议。

4.3 美国：首次定义"运输网络公司"

在美国，私家车接入 UberX、Lyft 和 SideCar 等网络平台后，可以提供网约车服务。2014 年 6 月，美国科罗拉多州针对手机软件召车立法，标志着手机软件召车作为新兴服务业态正式被政府部门接受并认可。此新立法第一次定义了"运输网络公司"（Transportation Network Company）：在科罗拉多州境内，通过数字网络手段在乘车人和驾驶员之间建立联系，从而提供运输服务的公司、合伙企业、独资企业或其他组织。新立法也定义了"运输网络公司驾驶员"（或称为"驾驶员"）：通过运输网络公司的数字网络获得乘车人预约信息，使用自己的车辆为乘客提供运输服务的人员，不必是运输网络公司的雇员。这意味着，运输网络公司在依程序申请并获得科罗拉多州公共事业管理委员会颁发的许可后，即可依法从事经营活动，并履行安全主体责任、照章纳税等义务。如此一来，就使得运输网络公司与传统的出租汽车承运人（公司）、公共交通承运人、契约承运人等共同成为该州交通运输市场主体的组成部分。

同时，立法对合规的私家车搭乘行为做出了严谨的界定：驾驶员必须通过运输网络公司的数字网络获取乘车人预约信息，运输网络公司负责保险，登记车辆注册信息，审查影响驾驶行为的疾病、犯罪记录等驾驶员背景，采取措施避免酒驾，定期检查驾驶员的运营车辆（至少每年一次），向驾驶员和乘车人公开运价基准费率和计算方法，向乘车人提供电子收据。此外，提供软件召车服务的车辆应显示"出租汽车"（VEHICLE FOR HIRE）标识等。

此新立法在肯定运输网络公司合法身份的同时，也明确其应作为手机软件召车经营行为的责任主体。立法规定运输网络公司从事经营活动的前提条件之一是提交软件召车服务商业保险的证明文件（保险可以由运输网络公司或驾驶员购买，也可以由双方经书面协商共同分担）。

考虑到软件召车服务业态的特殊性，该立法创造性地对商业保险适用的情形进行了划分，具体如下：一是驾驶员提供了"预约服务"，"预约服务"指从驾驶员接受乘车人通过数字网络的预订开始，到乘车人下车为止的整个过程，运输网络公司对该过程中一起事故的保险赔付额度应不低于100万美元；二是驾驶员登录运输网络公司的数字网络但未提供预约服务，这一情形下如发生交通事故，运输网络公司对每起事故中的每个人至少承担5万美元的保险赔付责任，对每起事故承担不低于10万美元的赔付责任，并对每起事故中因使用车辆而造成的财产损失，承担不低于3万美元的赔付责任；三是驾驶员未登录运输网络公司的数字网络，驾驶员未登录运输网络公司数字网络的时段内，运输网络公司不为其行为承担责任。

基于对手机软件召车业务的透彻研究和对法理精神的科学应用，科罗拉多州关于手机软件召车的新法对责任的界定，在驾驶员、乘客以及学术界均获得了认可。

5 案例总结

5.1 案例评价

回顾武汉专车事件的发展过程，我们可以清楚地认识到，在市场经济体制之下，专车与出租车都面临发展的困境。单依靠暴力是不能够解决问题的，双方更应从自身出发，找出缺陷，为构建和谐稳定的公共交通环境出力。同时，政府应该明确自身的责任定位，既不能对其放任不管，又不能滥用权力。

5.2 案例反思

追其根本，整个案例的落脚点应该在政府如何进行出租车行业的改革。纵观全国，部分城市已经率先成为出租车改革的试点城市，这些改革成果能否成功运用到武汉，值得深思。

（1）温州模式。即为个体化模式，指出租车经营权与产权归个人所有，车辆运营以个体为单位。这种模式具有自主经营、盈亏自负、灵活机动等优点，是市场机制在出租车行业运用的良好示范。自2000年以来，温州市出租车实行个体化经营初期取得了良好的经济效益与社会效益。但随着市场经济体制的完善与发展，温州模式开始暴露出弊端。打车难与层层转包成为温州出租车行业的难题。

（2）上海模式。即公车公营模式，指出租车经营权与产权归出租车公司所用，出租车司机与公司只是一种劳动雇佣关系，司机和公司之间签订劳动用工合同，司机要遵守出租车公司的规章制度，完成给定任务或通过服务质量考核后获得劳动报酬。这一模式的最大好处是公司的责、权、利统一，容易形成规模效益和品牌效益。但此经营模式的实现首先必须有资金雄厚的大型财团加入市场，其次要有良好的经济成本回收环境。

武汉市现有出租车经营方式已不适应时代的发展，应选取哪种经营模式进行改革，是武汉市解决出租车行业与专车矛盾的首要问题。湖北十堰市、襄阳市在近几年选择公车公营模式对出租车进行改革。对出租车实行车辆产权及经营权归一，变过去对社会自然人出让为对企业法人出让，取消挂靠，由公司出资购买，让出租车司机成为企业员工，而企业法人真正承担法律责任。在这种模式下，市公交出租车公司统一购车，招聘员工签订合同，结合业绩考核发放工资，同步办理社保保障权益。这些举措，让出租车司机成为名副其实的公司员工，只负责安全开车，不再考虑交份子钱等问题，而且同步落实五险一金，其权益得到了保障。武汉市能否在这种浪潮下下定决心对全市出租车进行大规模改革，取得双赢的局面，值得探讨。由以上两种模式可以看出，无论是选择哪种模式，政府必须放松对出租车行业的严格管制，为其提供自由竞争的环境。

 **思考题**

1. 专车发展是靠市场之手还是政府力量？有哪些理论依据？
2. 专车与出租车在运营模式上有何不同？请分别分析其利弊。
3. 请根据武汉市专车基本情况，为政府加强对专车的管理提出相应的对策。
4. 请用科斯定理来说明专车的产权应如何界定。
5. 出租车经营的温州模式与上海模式各有利弊，请说明两种模式在经营权与产权方面的不同。并结合武汉实际情况，谈谈你认为武汉出租车未来改革应选择哪种途径？
6. 为什么高端专车市场在武汉运营会失败？请总结在这个领域政府应该做什么，不应该做什么。

附：武汉专车问题调查问卷

尊敬的朋友：

您好！为了深入了解武汉市专车情况及您对武汉专车的意见和看法，进一步提高武汉市公共交通运输质量，特组织了这次调查。本次调查采取无记名形式，保护您的隐私，希望能得到您的支持与配合。谢谢！

1. 您的年龄
   A. 18 岁以下　　　　B. 18～30 岁　　　　C. 30～40 岁　　　　D. 40 岁以上
2. 您的月收入

A. 2500 元以下   B. 2500~3500 元   C. 3500~4500 元   D. 4500 元以上

3. 您所知道或使用的专车软件有哪些？（多选）

    A. 优步（Uber）   B. 滴滴打车   C. 一号专车   D. 神州专车

    E. 其他

4. 您一般会在什么样的情况下选择乘坐专车?

    A. 平时出行   B. 打不到出租车时

    C. 赶时间出行时   D. 地方较为偏僻时

    E. 不会选择乘坐专车（请跳至第 7 题）

5. 您对专车的服务评价

    A. 非常满意   B. 满意   C. 一般   D. 不满意

6. 您认为专车有哪些优劣势？（多选，请跳至第 8 题）

    A. 快捷，随叫随到   B. 车内整洁，环境优势

    C. 司机服务态度好   D. 乘坐车辆高档舒适

    E. 无安全性保障   F. 不能及时开发票

    G. 价格昂贵

7. 您为什么不选择乘坐专车？（多选）

    A. 操作复杂   B. 价格昂贵

    C. 存在安全隐患   D. 公共交通可以满足

    E. 其他_____

8. 您认为专车合法吗?

    A. 合法   B. 不合法   C. 有待整改   D. 不知道

9. 您觉得专车服务给我们的日常生活带来怎样的影响？（多选）

    A. 多一种打车选择   B. 中高档专车的享受

    C. 是一项打车软件智能化创新   D. 使我们的打车市场更加混乱

    E. 存在黑车的嫌疑   F. 没有多大的影响

10. 您认为专车未来发展的趋势如何?

    A. 政府进行规范化的管制，使专车合法化

    B. 取缔专车，规范出租车行业

    C. 政府不介入，让专车市场自由竞争

    D. 不清楚

11. 您对武汉市专车有什么建设性意见?

    _____

案例教学手册

一、课前准备

提前让学生充分了解武汉市专车市场情况，同时巩固科斯定理等相关理论基础，将理论运用到案例中进行分析。制订明确合理的授课计划，根据相应步骤完善充实素材内容。在授课前期完成课堂讲义的草拟，幻灯片的制作、课堂互动内容的准备等。提前将学生分成 3~5 组，以便课堂讨论。

二、适用对象

公共管理类专业的相关学生，社会学、政治学等关联学科的学生，以及对此类事件较为感兴趣的个人或群体。

三、教学目标

1. 了解行业，分析行业现状

对专车行业进行深度剖析，多角度听取各相关主体的意见和建议，从政府、企业、市场、个人四个角度分析事件相关主体的不同态度和观点。

2. 总结明确行业的改革方向

出租车与专车矛盾的出现，与政府对出租车行业的过度管制有关。对该行业问题的深入探讨与研究，有助于学生对政府管制有更深入的了解。通过对此类案例的分析和探讨，应了解政府在对市场进行管控时，应该如何处理"度"的问题，使政府、市场、社会能够处于一种平衡状态，共同促进社会的和谐发展，兼顾效率与公平。

3. 培养学生多元思维能力，正确认识问题和解决问题的能力

出租车与专车的矛盾，从微观上看涉及两种行业的相关者，从宏观角度分析实际上探讨的是政府与市场的博弈关系。通过对此类问题的分析，公共管理类学生应当了解政府职能定位、如何处理政府与市场的关系，从思想上架构针对此类矛盾的

解决框架，结合自身思考，寻求解决方法。另外，要培养学生主动站在多方角度去思考问题，全视角了解矛盾的来龙去脉，形成自己的评价，从而更好地指导实践。

四、要点分析

1. 案例中的几个关键词

专车、出租车、出租车改革、政府管制

2. 案例中的相关主体

专车运营平台与专车司机、出租车公司与出租车司机、政府相关部门、社会公众

3. 案例中的几个显著问题

（1）专车合法性。自专车出现后，其合法性一直饱受争议。从法律角度分析，专车服务是一种带有法律规避性质的商业创新。避法行为在法律上是一个价值中性的概念，与违法行为不能画等号。避法行为常常处于法律法规的空白或者模糊地带。在我国的行政监管和司法审判实践中，避法行为并非一律被认定为非法、无效。事实上，得到监管部门和司法机关认可或者默许的避法行为比比皆是。评价避法行为的合法性，须根据法律目的并考虑行为的社会效果进行法律解释。因此，法律上应当承认专车服务的合法性。《关于深化改革进一步推进出租汽车行业健康发展的指导意见》（以下简称《指导意见》）和《网络预约出租汽车经营服务管理暂行办法》（以下简称《暂行办法》）对之前一直处于舆论漩涡的"专车"的身份问题，进行了明确的规定。专车被纳入出租车管理范畴，定义为"预约出租车"，具有专用标识，可以且只能通过网络预约、电话预约等形式提供运营服务。同时，现行出租车则被定义为"巡游出租车"，相比"预约出租车"（即专车），既可以提供预约运营服务，也可以在道路上巡游揽客，在站点候客。换言之，专车虽然合法化了，但是相比现行出租车，其运营权限则受到限制，不能通过道路巡游、站点候客等方式展开运营。此外，在巡游出租车方面，明确将逐步实行经营权期限制和无偿使用，新增出租汽车经营权全部无偿使用，各地不得新出台经营权有偿使用政策，且不得变更经营主体。针对已实行经营权有偿使用的，要逐步取消有偿使用费，为行业减负。《暂行办法》对以前没有明确作出规定的专车公司及专车运营等细节进行了规范。针对专车公司，《暂定办法》明确指出，作为构建网络服务平台从事网络预约出租汽车经营服务的网络预约出租汽车经营者，应承担承运人责任，应当取得出租汽车经营许可，并向通信主管部门申请互联网信息服务备案

等，在服务所在地具有固定营业场所和相应的服务机构及服务能力，相关服务器设在中国大陆，将平台数据库接入当地交通运输部门监管平台。显然，在运营主体方面，市场准入门槛得到提高和监控，不再是之前的相对缺乏监督和管理的"真空"地带。针对具体运营细节，《暂行办法》则作出了以下几方面的规定：其一，明确应当有序发展预约出租车（即现行专车），对网络预约出租车运价试行政府指导价和市场调节价；其二，明确参与专车服务的条件和性质，指出网络运营出租车应为7座及以下乘用车，使用性质则要登记为出租客运，要安装具有行驶记录功能的车辆卫星定位装置等设施设备；其三，对参与专车服务的驾驶员的条件和从业资格进行了限定，网络预约出租汽车驾驶员需满足驾驶经历、安全驾驶等方面的条件，按有关规定经考核合格后，取得相应的从业资格，如果有不符合规定的车辆接入专车平台，或者专车司机没有取得从业资格证而进行运营的，专车服务公司将被处以10000元以上30000元以下罚款；其四，对网络预约出租车经营行为和服务、监督管理等提出了明确和相对细化的要求。

（2）政府如何监管的问题。秉着城市治理的精神，城市政府通过出租汽车规划确定不再发展预约出租汽车，而规范发展"互联网专车"，这是国家深化行政审批制度改革的直接体现，也是将重心从准入管制转向事中事后监管的体现，通过平台监管，公允分配平台的合理注意义务，创新信息规制方式，以实现合作监管。

首先，"互联网专车"的平台监管是基础。少数打车软件企业已经有着构建移动互联网交通一元化平台的足够雄心，有必要将其纳入信息产业范畴而非运输产业范畴，进而对其实施以信息规制为重心的事中事后监管。其次，事中事后的信息监管以平台企业履行合理注意义务为原则。目前美欧日韩等国家和地区的相关立法均未要求互联网平台承担极为严格的责任，而是要求平台履行合理注意义务，根据过错承担相应责任，这样做的目的在于适应互联网特性，既能促进互联网产业发展，同时也能保护消费者权益。最后，信息时代的问题应注重信息规制的转型。移动互联网技术在"专车"领域的突出优点在于对信息不对称状况的改变，因此有必要重点使用信息规制工具开展"专车"的监管创新：一方面要强化推出"专车"产品企业向主管部门的信息提供义务，不仅是"专车"车型、驾驶员信息、价格标准等要公开，同时也应包括约车人对"专车"服务的投诉信息、企业的投诉处理结果信息等；另一方面，主管部门在掌握企业上述信息后，在依法保护企业商业秘密与乘客个人隐私的前提下，通过信息公开机制，将企业未能执行相关准入标准、履行平台监管职责的事实，公之于众，让社会选择"专车"产品，进而实现互联网时代"专车"产品的信息规制转型。

（3）出租车改革的出路。专车的出现是出租车游行的导火索，而其根源在于出租车行业固有的弊端——政府管制。随着市场经济的完善，政府对于该行业适当放手，才能解决问题。专车的出现并不是"空穴来风"，其反映的正是我国公共交通资源短缺的问题。从1998年我国颁布《城市出租车管理办法》对出租车实施管制以来，由于人们对出行的要求越来越多，显然出租车数量已经不能满足公众的需求。大部分大中型城市都出现严重的出租车短缺的现象。2012年，武汉市户籍人口每千人拥有出租车数量为3.2辆，北京市为5.4辆，上海市为3.7辆，华盛顿为11.3台，伦敦为9.8台，都柏林为10.6台，相比之下国内城市出租车数量显示十分稀缺。当下，放松甚至放开对出租车行业的管制，成为解决矛盾的关键所在。政府应顺应时代潮流，对出租车行业放开市场准入，逐步推进出租车行业的市场化进程，实现资源的合理分配。首先，要推进服务监管而不是数量管制。政府对出租车行业的管理，应由原来规制出租车数量转移到提升该行业服务质量上来，为行业引入竞争机制，利用市场自发的力量与行业自律来维护其日常运行。而政府的主要职责，则是处理市场上的不正当竞争，以及对各经营主体的服务质量、安全进行管理，行使监督权而非管制权。其次，利用多方力量而不是政府垄断。出租车行业的管理应更多依靠经营者及出租车协会等社会力量，而不是全由政府说了算。应提高出租车经营者的法律、道德、职业素质，健全公司内部经营管理制度，利用出租车协会等非政府组织的力量加强行业自律，提高行业素质。最后，明晰市场产权而不是混淆经营主体。目前市场上存在的经营方式为"政府—公司（法人）—驾驶者（自然人）"自上而下的管理模式，在此模式下政府与出租车公司始终是利益相关者，极易产生寻租问题。[①] 因此，要明晰政府与出租车公司之间的产权边界，切断与政府的利益链条；明晰出租车公司与司机之间的产权边界，取消"份子钱"，保障出租车司机的合法权益。

五、课堂安排

1. 案例回顾

运用大约30分钟的时间进行案例回顾，在回顾过程中用视频播放器和音频播放器播放相关的新闻报道和专家采访视频。

2. 案例设问

在案例回顾结束后，向学员提出3~5个涉及本案例的问题，不同的问题由不同的组回答。

---

① 曾繁华：《城市出租车经营权市场产权分析》，《中南财经政法大学学报》，2011年第5期。

3. 案例讨论（第一次）

案例设问后，引导学员进行第一次课堂讨论。课堂讨论利用小组讨论的形式，由不同的组回答不同的问题。所有小组回答完毕后，进行共同讨论，各小组可针对其他小组所回答的内容进行提问和反驳。

4. 教师点评（第一次）

案例教学教师对各小组回答问题及辩论环节相关论点进行分析点评。

5. 案例深化

教师对本案例进行深化，向学员提出 2~3 个与案例有关的深层问题。

6. 案例讨论（第二次）

引导学员进行第二次课堂讨论，此次讨论不分组，自由讨论，结束后如有争论，继续进行辩论环节。

7. 教师点评（第二次）

教师对学员回答问题的情况及辩论环节相关论点进行分析点评。

8. 教师总结

教师对案例所反映的要点进行全面总结，并向学员提出今后学习的相关建议。

六、其他教学支持

1. 计算机支持

（1）Microsoft Office 软件 Word、Excel 和 PPT 的全面运用。

（2）运用 SPSS 软件对调查结果进行数据分析，让学生更加清晰地看到相关调查主体的选择倾向。

2. 视听辅助手段

教学过程中使用了影音播放器。影音播放器支持本地播放与在线视频点播，其在案例教学中的使用让学员获得了充分的案例视听资料。

政企合作共建

——十堰市地下综合管廊建设案例分析*

摘要：地下综合管廊是建于城市地下用于埋设市政公用管线的公共设施，不仅能克服传统直埋敷设市政管线的弊端，有效解决"马路拉链""城市内涝"等问题，还可以有效利用土地，美化城市，促进城市集约高效发展。2015年的相关数据显示，国内在建地下综合管廊约1000公里，总投资约880亿元。由于面临着前期投资资金不足瓶颈，政企合作共建模式（Public-Private-Partnership，简称PPP模式）因能有效缓解政府财政压力、吸引民营资本而被广泛运用。然而实践中，政府管理部门、管线单位、民营企业、金融机构等各方主体存在着各自的立场，一些地方的政企合作无法开展。地下综合管廊政企合作共建路在何方？该问题引起了专家学者、共建企业、媒体的广泛关注。本案例以地下综合管廊首批试点城市之一的十堰市为分析对象，通过问卷和实地考察等方式对该市地下综合管廊建设的组织架构、存在的风险和面临的困境进行了梳理和归纳。在当前形势下，十堰市地下综合管廊PPP模式运营现状如何？建设面临哪些困境？能不能继续发展下去？发展的出路在哪里？政府在合作共建中应该扮演什么角色？如何理顺政府和企业在共建中的关系？如何激励企业，尤其是民营企业和私营企业参与共建？对该案例的分析与梳理，将为推进地下综合管廊政企合作共建厘清思路。目前地下综合管廊政企合作共建是一个全国性的问题，因此该案例不是孤案，具有普遍的现实意义。

关键词：地下综合管廊　政企合作共建模式（PPP模式）　十堰市

2012年7月21日，北京遭遇特大暴雨，导致77人死亡。

2013年11月22日凌晨，山东省青岛市黄岛区秦皇岛路和斋堂岛街交会处，中石化管道公司输油管线破裂，造成原油泄漏。在雨水涵道和输油管线抢修作业现场相继发生爆燃，事故共造成62人遇难，136人受伤，直接经济损失7.5亿元。

2015年10月4日，台风"彩虹"正面袭击了广东湛江，对当地电网造成了严重影响，累计跳闸线路247条，74座变电站失压，影响用电用户逾180万户。

······

---

* 该案例2016年入选教育部公共管理专业学位案例库。

一场暴雨就会引发市民们戏称的"看海"现象，"逢雨看海"已成为大多数城市的通病，"城市内涝""马路拉链""蜘蛛网"等问题随处可见，管线泄漏爆炸、路面塌陷等事件时有发生，严重影响了人民群众的生命财产安全和城市运行秩序，导致这些问题的根本原因是我国地下基础设施建设滞后于地面城市建设。因此大力发展城市地下综合管廊，对增强城市防灾抗灾能力、改善城市交通状况、提升城市总体形象以及创造城市和谐生态环境，都能起到非常重要的作用。

1 案例前言

1.1 地下综合管廊建设背景

地下综合管廊，也称"共同沟"（Utility Tunnel），就是指将两种以上的城市管线，或者将所有城市地下管线（即给水、排水、电力、热力、燃气、通信、电视、网络等）集中设置于同一隧道空间中，并设置专门的检修口、吊装口和监测系统，实施统一规划、设计、建设，共同维护、集中管理，所形成的一种现代化、集约化的城市基础设施。

地下综合管廊具备综合性、长效性、环保型、可维护性、高科技性，是我国目前大力推进建设的城市基础设施。一方面，建设地下综合管廊，可实现城市集约化发展、空间综合利用，拓展城市发展空间，节约土地资源，整体提升城市基础设施的安全可靠性，使市政设施的运营管理及维护更加准确、便捷，可建成生态低碳的城市支撑体系，符合国家当前宏观政策的要求；另一方面，建设地下综合管廊，可有效解决传统市政工程建设中面临的规划道路下市政管线线位紧张，市政管线新建、扩建和维修造成反复开挖道路等问题，消除"马路拉链""空中蜘蛛网""逢雨看海"现象，虽然直接投资相对于传统直埋敷设方式大，但从项目的全生命周期分析，总体经济效益具有优势。在 2015 年 7 月 31 日国务院政策例行吹风会上，住房和城乡建设部副部长陆克华就记者关于地下综合管廊建设成本的提问，通过与地下直埋管线费用的对比，给出了解答，见表 1 和表 2：

表 1　　50 年地下综合管廊建设与管线直埋经济分析表（单位：元/公里）

项目	建设费用	维修运行费	总计
综合管廊	1.2 亿	0.4 亿	1.6 亿
地下直埋管线	0.73 亿	0.93 亿	1.66 亿

表2　　　100年地下综合管廊建设与管线直埋经济分析表（单位：元/公里）

项目	建设费用	维修运行费	总计
综合管廊	1.2亿	0.8亿	2亿
地下直埋管线	0.73亿	1.9亿	2.63亿

　　由表1和表2可知，50年地下综合管廊比直埋管线相比，所需费用持平。超过50年，综合管廊比直埋管线所需费用低，到100年综合管廊与直埋管线相比低23%。①

1.2　我国地下综合管廊建设历程及现状

　　我国最早建设的地下综合管廊位于北京市天安门广场，于1959年建成。1994年年底，上海浦东新区建成了国内第1条规模较大、距离较长的综合管廊，随后杭州火车站、上海安亭新镇、广州大学城、深圳盐田坳等地陆续开始建设地下综合管廊。

　　住房和城乡建设部统计，2015年全国共有69个城市在建的地下综合管廊，约1000公里，总投资约880亿元。吉林省在全省范围开展地下综合管廊建设，2015—2018年计划建设1000公里地下综合管廊，总投资约1000亿元。重庆市江南新城的地下管廊规划全长82.8公里，总投资约74亿元。海口市编制完成的示范项目总长44.68公里，总投资约36.1亿元，计划3年建成。长沙市也规划至2017年，在试点区域内建设总长度63.3公里的综合管廊，总投资约34.66亿元。② 其他省市也将地下综合管廊纳入城市建设规划，并着手建设。笔者通过资料收集，对我国部分已建地下综合管廊进行统计，统计结果见表3。

表3　　　　　　　　　我国部分已建地下综合管廊统计表

城市	建成年份	位置	总长（km）	投资总额（亿元）	单位成本（万元/米）
上海	1994	上海张杨路	11.13	3	2.7
	2003	上海松江新城	0.323	0.15	4.64
	2002	上海安亭	5.8	1.4	2.41
	2010	上海世博园	6.4	2.8	4.38

---

　　① 汪金敏：《PPP物有所值评估不是过家家——地下管廊的PPP模式建设透析》，《施工企业管理》2015年第10期。

　　② 周蓓蓓：《防水，地下管廊生命之"晴"》，《中华建筑报》2015年8月18日。

续表

城市	建成年份	位置	总长（km）	投资总额（亿元）	单位成本（万元/米）
北京	2007	北京中关村	1.9	4.2	22.11
广州	2003	广州大学城	17.4	3.7	2.13
深圳	2005	大梅沙—盐田坳	2.666	0.37	1.39
	2010	深圳华夏路	1.3	—	—
	2013	深圳光侨路	5.5	—	—
	2013	深圳观光路	1.9	—	—
杭州	1999	杭州火车站	0.5	0.3	6
	2005	杭州钱江新城	2.16	0.3	1.39
沈阳	2013	浑南新城	20	6	3
无锡	2011	无锡太湖新城	17	5.7	3.35
苏州	2011	苏州月亮湾	1	0.4	0.4
武汉	—	武汉王家墩	6.079	3.8	6.25
昆明	2006	昆明昆洛路	22.6	5	2.21
	2007	昆明广福路	17.76	4.52	2.55
	2007	昆明沣源路	7	2.1	3
	2007	飞虎大道南段	3.4	3.22	9.47
宁波	2010	宁波东部新城	6.16	1.65	2.68
珠海	2013	珠海横琴新区	33.4	19.8	5.93

2 PPP 模式下十堰市地下综合管廊的建设

2.1 十堰市地下综合管廊建设现状

十堰市地处我国东西结合部、秦岭大巴山腹地，是国家老工业基地，又是南水北调中线工程核心水源地，是国家重要生态功能区，肩负着保护国家战略水资源安全的历史使命。作为全国首批 10 个地下综合管廊试点城市之一，十堰市提出了以推动城市集约发展、绿色发展和可持续发展为目标，着力打造可借鉴、可复制、可推广的"山地城市集约化建设模式、生态敏感区绿色开发模式、老工业城市政企二元管线体系整合模式"三个特色，旨在为山地城市、老工业城市和生态功能敏感区城市的地下综合管廊建设、运营和管理发挥引领示范作用。

目前十堰市已有8条主干道建成地下综合管沟38.23公里，服务中心城区29.8平方公里，断面尺寸分为1.5米×1.8米、1.8米×1.9米、2.0米×2.5米、2.5米×3.0米等，综合管沟容纳管线包括给水、雨水、电力、通信等。根据《十堰市中心城区地下综合管廊专项规划》，中心城区规划建设综合管廊316.48公里，其中：主干管廊33段，共71.54公里；支线管廊58段，共146.42公里；主要缆沟38段，共98.52公里；同时配套建设中心城区和滨江新区两个控制中心。

根据2015—2017年三年试点建设计划，将建设19个地下综合管廊示范项目，新建地下管廊长度51.64公里，服务范围71平方公里，服务人口数量约71万。建成贯通东西、辐射南北的骨架管廊45.6公里，并结合干线管廊适当建设主要缆沟6.03公里。同步建设控制中心两个，中心城区控制中心占地约3000平方米，滨江新区控制中心占地约2500平方米；控制分中心两个，均附设于其他公共建筑底层，每个控制分中心建筑面积约400平方米。干线管廊全部在新城区建设45.6公里，主要缆沟在老城区建设3.16公里，新城区建设2.87公里。① 见图1、图2。

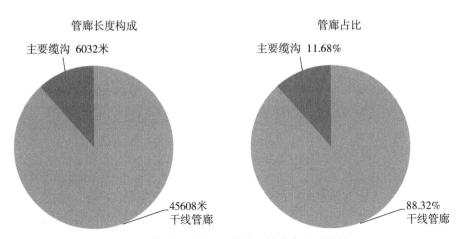

图1 管廊长度构成和管廊、缆沟占比示意图

2.2 PPP 模式下十堰市地下综合管廊建设组织构架

十堰市地下综合管廊建设项目2012年总投资概算为35.51亿元，股权分配比

---

① 深圳市蕾奥城市规划设计咨询有限公司、十堰市规划设计院：《十堰市地下综合管廊试点城市建设实施方案工程可行性研究》，2015年。

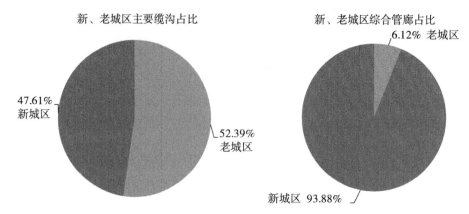

图 2　新、老城区主要缆沟和综合管廊占比

例是：中央财政补贴 9 亿元，地方政府配套投入 3 亿元，社会资本投入 23.51 亿元（投资者自筹 6 亿元，债权融资 17.51 亿元）。① 综合投融资结构与组织构架，政企合作共建模式下十堰市地下综合管廊建设组织构架如图 3 所示。

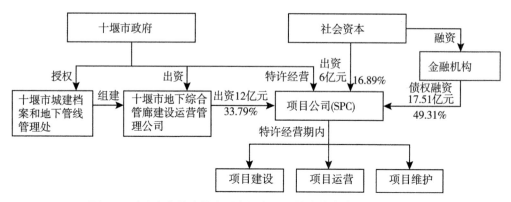

图 2-3　政企合作共建模式下十堰市地下综合管廊建设组织构架图

3　十堰市地下综合管廊政企合作共建问题分析

3.1　问题样本陈列

（1）调查问卷统计。

---

① 十堰市住房和城乡建设委员会：《十堰市地下综合管廊试点建设工作情况》，2015 年。

为找准当前最需要解决的障碍和将来可能出现的风险，笔者于 2015 年 9 月 28 日—10 月 28 日展开调研，发放问卷 40 份，有效问卷为 31 份。首先将地下综合管廊建设遇到的风险细分为宏观风险和阶段性风险，设计问卷调查表，再通过填写问卷和电话访谈的方式对参与到十堰市地下综合管廊建设试点 PPP 项目的政府部门、咨询机构、规划设计单位、竞争单位、管线单位的相关专业人员进行调查，一方面校验问卷的选项是否设计合理，另一方面收集最新的阶段性反馈意见，进行梳理、归纳和分析，找准当前最需要解决的障碍和将来可能出现的风险。见表 4。

表 4 十堰市地下综合管廊政企合作共建调查问卷

调研对象	具 体 内 容			
宏观风险	1. 政策	2. 法律法规	3. 协调风险	4. 其他
阶段性风险	1. 建设阶段	2. 运营阶段	3. 转让阶段	4. 其他

（2）问卷数据分析。

发放的问卷，除 9 份问卷属于未填写和内容偏离无效以外，其余 31 份均贴近项目的现实情况，属于有效问卷，且具有较为鲜明的针对性。经过梳理，存在规划、政策、政企二元结构、PPP 运作、监管和运营这 6 个方面的问题。

表 5 十堰市地下综合管廊政企合作共建问卷数据统计表

调研对象	发放问卷数量	百分比	回收问卷数量	百分比	问卷回收百分比	
政府部门	10	25%	8	25.8%	80%	
咨询机构	6	15%	5	16.1%	83.3%	
规划设计单位	9	22.5%	7	22.5%	77.7%	77.5%
竞争单位	5	12.5%	3	9.6%	60%	
管线单位	10	25%	8	25.8%	80%	

根据问卷调查反映的 6 类问题，对十堰市地下综合管廊建设试点面临的风险进行了研究。相关数据统计如表 6 所示。

表6　　　　　　　　十堰市地下综合管廊政企合作共建问卷数据分析表

风险分类	（份数/百分比）	（份数/百分比）	（份数/百分比）	（份数/百分比）	总份数/百分比
宏观风险	1. 政策 （24/30.7%）	2. 法律法规 （5/6.4%）	3. 协调风险 （1/1.2%）	4. 其他 （1/1.2%）	15/19.2%
阶段性风险	1. 建设阶段 （10/12.8%）	2. 运营阶段 （30/38.4%）	3. 转让阶段 （6/7.6%）	4. 其他 （2/2.5%）	63/80.7%

　　根据对上述风险指标的归纳，当前最突出的风险来自政策（30.7%）和运营阶段（38.4%），这两项风险占到整体风险比重的69.1%，而运营阶段的风险又是几乎所有部门最为担心的部分。对各问卷内容进行进一步分析，可以发现，反映与政策和运营阶段有关的建设阶段问题的问卷有8份，反映法律问题的问卷有4份，存在前后的隐性关联。

3.2　PPP模式下十堰市地下综合管廊面临的问题

　　（1）项目前期调研与市场脱节的问题。

　　①管线单位在老城区的需求得不到有效满足。

　　由于十堰市属于山地城市，土地资源稀缺，老城区建筑密度较大，人口聚集度高，也是管线单位的主要市场范围，管线单位在市场拓展方面需求强烈，由于缺少管廊设施，急需增加入地管线路由，而试点建设期间，老城区建设的综合缆沟仅有3160米，短期内管线单位的需求难以得到满足。

　　②缺少综合规划支撑，覆盖范围有限。

　　尽管已经编制完成了《十堰市中心城区地下综合管廊专项规划》，但是缺少《十堰市城市地下综合管廊综合规划》支撑，使得规划覆盖面积不全。专项规划仅仅覆盖了中心城区，不能完整反映全市的规划发展趋势，覆盖范围局限性较大，对城市总体规划发展预控远城区没有覆盖到，对将来骨干管网延伸辐射到远城区可能留下隐患问题。

　　③对各相关专业规划的整合不够，容易造成交叉矛盾。

　　由于地下综合管廊涉及专业众多，仅凭某一专业规划还不能较好地统筹各相关专业规划的建设、发展时序，还需要整合城市空间布局与土地利用规划、道路工程规划、供水规划、排水规划、防涝规划、电力规划、通信规划、燃气规划、热力规划、地下空间利用规划等相关专业规划，否则极易出现规划"冲突"问题。

　　（2）政企合作制度、政策和组织保障的问题。

　　①法律法规不完善。

　　2014年12月4日，财政部、发改委同日发布3份PPP文件：财政部《政府和社会资本合作模式操作指南（试行）》、30 个 PPP 示范项目清单以及国家发改委《关于开展政府和社会资本合作的指导意见》。但我国没有专门的 PPP 法律法规，国际上 PPP 项目的一些做法与我国现行的法律法规又存在矛盾冲突：一是现行相关法规层次较低、内容相对简单，不适应 PPP 项目涉及部门众多、法律关系错综复杂的特点，不能很好地处理特许经营权授予的方式、政府扶持与 PPP 合同的关系等问题；二是现行法规限定较多，限制了政府扶持和参与的程度，特别是政府为 PPP 项目融资提供一定程度的借贷及保底经营的担保，存在较多限制；三是对民间资本的开放与支持的相关法律法规还不太明确。

②政策配套不完善。

尽管出台了地下管线管理办法，但是对于开展地下综合管廊建设运营的政企合作，在建设、运营管理阶段均缺少操作性强的管理办法，相关机构在工作中缺少上位法规和政策作为管理依据，基本上在摸着石头过河。

③协调各专业管线单位难。

依据中华人民共和国行业标准，城市地下管线可分为给水、排水、燃气、热力、工业、电力、电信、综合管沟和人防 9 大类。实际上，各城市地下管线的产权归属单位很复杂，十堰市情况更为特殊，有十堰市和东风公司两大板块，各自均有相对完善的供电、供气、供热、通信等配套体系。十堰市管线单位涉及 23 家，其中有 15 家为企业，占 65% 的比例，归属于央企和上一级国企管理的有 13 家，占 56% 的比例，企业所有管线占明显多数。在统筹地下综合管廊建设运营的过程中，由于体制不同，一直存在协调难的问题，以我国现有的体制，央企、国企具有较高的政治地位和话语权，因此，地级市政府与这些央企、国企显然不在同一对话层面，仅凭政策约束，地方政府难以协调各管线单位统一入廊并承担相应的费用。

④没有专门的 PPP 管理机构。

既然将政企合作共建 PPP 模式作为推进城市地下综合管廊建设试点的主要方式方法，目的就是发挥 PPP 模式自身缓解政府财政压力、引进企业先进技术和管理经验的特点，将政府面临的地下综合管廊投资风险转移、优化。但是目前我国缺乏一整套与政企合作共建 PPP 模式相适应的法律、法规，私营企业融资存在障碍，政府大包大揽，现有审批程序与 PPP 模式相抵触，等等。如何在现行法律框架许可范围内对项目公司、招投标和税收优惠等问题进行审慎的判断，规避 PPP 相关规定与一般法规存在的冲突，选择经济合理的 PPP 形式，在实现项目建设的同时，解决好中长期的运营、管理问题，是要重点考虑的。十堰市尚未成立专门的政企合作管理机构，能否有效开展上述纷繁复杂的具体操作还是未知之数，而缺乏相关具有专业知识背景和实际操作经验的人员是客观存在的现实问题。

⑤没有综合的建设技术管理机构。

城市地下综合管廊工程技术包括结构、电气、通信、消防、监控、通风、排水、管线等多方面，技术应用要充分考虑地质、水文、地上地下空间环境条件的影响。目前，十堰市本地的规划、设计、建管单位尚无相关专业经验，综合性规划设计和建设管理方面存在严重的人才和技术缺口，特别是应用国家新的地下综合管廊规范方面，没有成型案例可循。这对于通过政企合作共建模式推动地下综合管廊建设存在极大的风险，完全依赖于企业合作伙伴，容易因信息不对称而引发问题。

（3）政企合作投融资机制方面的问题。

地下综合管廊建设运营属于长期性、低收益的基础设施项目，在前期建设阶段投入资金较大，回报周期很长。但是突出的问题是，项目公司在进行融资的过程中可以依靠的渠道有限，如果通过商业借贷等方式进行融资，成本较高。到目前为止，还没有国家政策性银行和相关基金提出对地下综合管廊建设政企合作项目给予政策优惠和资金支持，如何降低建设初期融资成本，成为亟待解决的突出问题。

（4）政企合作的激励机制的问题。

①管线企业可能出于成本考虑，放弃入廊。

由于以往在城市建设和布线过程中，供电、供热、供气使用的均是专用管沟，而通信单位常常是通过购买管网建设单位管道的方式进行布线，单独建沟和共用管沟的成本相差很大。如果统一用入综合管廊的方式组织管线布设，在没有激励措施的前提下，不排除通信单位等共用管沟的企业受成本增加过大的影响，放弃入廊，改为绕开建设管廊的道路，另寻其他路由布线的风险。

②难以避免管线企业之间的恶性竞争。

由于十堰市在供电、供水、供气、供热等方面均存在政企二元结构，在进行综合管廊入廊布局时，难以避免各管线单位交叉覆盖、争夺市场的情况。因此，为避免过度竞争造成的重复投资和恶性竞争等问题，政府应主导正向激励，与东风公司等管线单位进行多边谈判和协调，根据市场容量和需求，研究划分一定的经营范围，不能以一个标准形式容纳所有的管线单位，需结合各管线单位自身市场发展需要进行统筹规划，否则，将加重各管线企业的同业竞争，反而造成市场过度开发。

（5）政企合作定价机制难以明确的问题。

①特许经营期设定问题。

当前十堰市政府初步确定的特许经营期为30年，30年经营期满，项目公司将管廊设施转让给政府管理。但是在上述政企合作制度、政策和组织保障的问题，政企合作投融资机制方面的问题没有得到有效解决的情况下，新城区形成市场需求缓慢，老城区投入运营规模不足，可能导致特许经营期内项目公司的成本利润平衡点会相对滞后，融资成本增加，回报期较晚，30年内能否实现成本收回、有效运营，测算难度非常大，相关人员普遍表示担忧。

②缺少收费标准、核算办法。

由于国家尚未出台入廊管线的收费标准，无法将水、电、暖、通信等各类管线部门各自的入廊成本进行标准化测算，在测算建设成本、运营成本、收益率时，政府与入廊管线单位在建设、运营的成本核算上存在定额标准不一致、计算方式不相同的差异，造成整个项目成本难以核算。现实问题就是，尽管现在已经进入第二轮竞争性磋商环节，各方对试点项目的经营收益率和回报率核算仍存在较大的分歧，尚未达成一致。这也造成了部分竞争单位对特许经营期 30 年的顾虑。

（6）独立的监管机构没有形成的问题。

根据政企合作共建模式的组织结构，为防止市场失灵和政府失灵，需要成立相对独立、专业的地下综合管廊建设、运营管理的监管单位，以第三方监管单位的身份，对政企合作双方的合同履约情况、建设情况、运营管理情况、提供公共产品和服务的质量、社会效益进行综合评价和监督，有利于为政企合作的全过程提出专业、公平的意见和建议，还可以在一定程度上代表社会公众的利益。由于缺少相关专业人才队伍，这一专门的监管机构尚未成立，还不能在建设的前期对政企合作的过程进行监督。

（7）项目的建设管理问题。

①企业管理经验问题。

由于地下综合管廊的运营管理是一个长期的动态管理过程，对企业合作伙伴的运营管理经验有非常高的要求。从参加项目竞争的企业情况来看，由于我国的体制因素，国内的大型基础设施建设领域基本上是国有建筑业企业的天下，因此在 2015 年 9 月组织的两次竞争性采购磋商中，参与的 30 多家企业，仍以"中"字头国有大型企业居多，私营企业由于规模、实力相比国企较为弱势，总体数量上不占优势。尽管国企具有较强的建设实力，在股权结构上也已引入了社会资本，但与私营企业相比，最大的弱项是在市场运营管理的灵活性、高效性、创新性等方面。因此在将来的市场运营管理中，国有企业能否对市场运营和管理手段进行创新，优化成本支出结构，提前收回投资，还存有疑问。

②新城区入廊管线不足。

根据前面入廊管线的分布可以发现，试点建设以新城区为主，老城区不建设综合管廊。但是新城区的发展有一个缓慢积累的过程，管线单位根据各自市场需要逐步进行管线敷设。因此，近期内会有一段时间存在新建综合管廊成本较高、入廊管线不足、入廊进度缓慢等现象，不利于建设和运营维护成本回收。

③外部性影响风险积累。

由于近三年的试点工程围绕新城区、新建道路展开，老城区仅有 3 公里的缆沟建设，表面上看，暂时规避了老城区建设大型综合管廊所产生的外部性影响，减少了工程建设造成的社会经济、生产、生活的负面效应，但是从长远发展来看，这种外部性影响会持续酝酿、发展，在试点结束后的后续建设过程中，依然会存在，并且会不断积累，在将来建设时可能受到城市人口增加、车辆增多等因素的影响，晚建设可能比早建设外部性影响更大，社会成本更高。

4 争议中的地下综合管廊政企合作共建模式

4.1 政府管理部门——推进建设

为了解决城市内涝问题，避免对马路反复"开膛破肚"以及由此带来的安全事故，地下管廊建设在国内城市先后得到发展，我国最早建设的地下综合管廊位于北京市天安门广场，于1959年建成，后陆续有其他城市建设，但只是个别地方，并未形成统一思想，2013年以来，我国政府开始陆续发布关于加强城市基础设施建设的相关文件，2013年9月16日，国务院发布《关于加强城市基础设施建设的意见》（国办发〔2013〕36号），指出全面启动地下综合管廊工程，新建道路、城市新区和各类园区地下管网应按照综合管廊模式进行开发建设。

2014年6月14日，国务院办公厅发布《关于加强城市地下管线建设管理的指导意见》（国办发〔2014〕27号），对地下管线规划建设、管理维护、应急防灾等作出统筹安排，部署开展城市地下综合管廊建设试点工作。

2014年12月26日，财政部发布了《关于开展中央财政支持地下综合管廊试点工作的通知》。通知明确，将对地下综合管廊试点城市给予专项资金补助，一定三年，具体补助数额按城市规模分档确定，直辖市每年5亿元，省会城市每年4亿元，其他城市每年3亿元。对采用PPP模式达到一定比例的，将按上述补助基数奖励10%。

2015年4月13日，住房和城乡建设部在广东省珠海市组织召开全国城市地下综合管廊规划建设培训班，住房和城乡建设部部长陈政高作重要讲话，全国地下综合管廊建设全面启动，他指出："我真的希望在全国产生一批专门搞管廊的企业，有这么一个产业、行业出现，来专门干管廊，（这些企业）要有专业性，要有管理，要有连锁经营，如果政府大包大揽这件事是干不下去的。"①

2015年7月28日，国务院总理李克强主持召开国务院常务会议，部署推进城市地下综合管廊建设，扩大公共产品供给，提高新型城镇化质量等工作。李克强总理表示，要在城市地下综合管廊建设中开展PPP模式，要关注这一模式的回报率。李克强总理说，"这么大的城市总量，不能完全依靠财政进行大规模的基础设施建设，还是要采取综合的商业运作方式。既要发挥财政四两拨千斤的作用，提供必要的金融支持，也要鼓励社会资本参与建设和运营管理，并为此建立合理的收费机制

---

① 陈益刊：《万亿级地下综合管廊规划孕育投资机遇》，《第一财经日报》2015年8月3日。

和相应的运营管理机制。"①

地下综合管廊建设举步维艰，而有些地方建成后管线不入，绕廊而走，上海张杨路地下管廊就曾遭遇被闲置的尴尬，原因是有权属单位故意避开张杨路，宁愿选择在周边道路开挖铺设管线也不愿意入廊，南京、上海、深圳、苏州等地的地下综合管廊也都出现了利用率低、管线单位不愿入廊的情况。这一方面导致地下综合管廊并未得到有效利用，前期投资无法收回；另一方面给其他管线单位带来负面预期，也给其他城市带来负面效应，间接制约了综合管廊的建设。为此，2015 年 8 月 10 日，国务院办公厅发布《关于推进城市地下综合管廊建设的指导意见》（国办发〔2015〕61 号），指出城市规划区范围内的各类管线原则上应敷设于地下空间。已建设地下综合管廊的区域，该区域内的所有管线必须入廊。

要满足城市地下综合管廊建设这种前瞻性需求，亟须解决的是资金问题，这一直是制约地下综合管廊建设的最主要因素。为推进运用 PPP 模式建设地下综合管廊，进一步规范后期运营、管理、收费等，2015 年 12 月 9 日，国家发展改革委、住房和城乡建设部印发《关于城市地下综合管廊实行有偿使用制度的指导意见》，提出城市地下综合管廊各入廊管线单位应向管廊建设运营单位支付管廊有偿使用费用。各地应灵活采取多种 PPP 模式，推动社会资本参与城市地下综合管廊建设和运营管理，统筹运用价格补偿、财政补贴、政府购买服务等多种渠道筹集资金，引导社会资本合作方形成合理回报预期。

为鼓励电网企业参与投资、建设、运营城市地下综合管廊，共同做好电力管线入廊工作，2016 年 5 月 26 日，住房和城乡建设部、国家能源局发布《关于推进电力管线纳入城市地下综合管廊的意见》（建城〔2016〕98 号），要求各地住房城乡建设、能源主管部门和各电网企业加强统筹协调、协商合作，认真做好电力管线入廊等相关工作，积极稳妥推进管廊建设。

此外，住房和城乡建设部还先后印发了《城市地下综合管廊工程规划编制指引》《城市综合管廊工程技术规范》《城市工程管线综合规划规范》《城市综合管廊工程投资估算指标》等标准规范，并于 2016 年 1 月 22 日编制并发布了《城市综合管廊国家建筑标准设计体系》，各地也发布具体管理办法，如《厦门市城市综合管廊管理办法》《世博会园区管线综合管沟管理办法》《南宁市市政管廊建设管理暂行办法》等，用于指导和实施地下综合管廊工程建设，推进综合管廊主体结构构建标准化，确保工程质量，同时联合财政部启动 2016 年中央财政支持地下综合管廊试点工作，有序推进地下综合管廊建设工作。

---

① 定军、段倩、陈海银等：《不要再到城市里来"看海" 国务院部署城市地下综合管廊建设》，《21 世纪经济报道》2015 年 7 月 30 日。

4.2 管线单位——不愿进廊

2014 年 8 月，南京首条综合管廊——河西南部地下管廊投入使用，然而至今除了自来水、公安交管线路以及河西管委会自用、协作单位管线外，尚未有一家社会管线单位入驻，处于"嗷嗷待哺"状态。河西南部已有海峡城、五矿、升龙等大开发商和儿童医院河西分院等事业单位进驻，无论工程建设还是业主入住，都已用到水电，并亟须电信、有线电视、银联网络等管线单位"进场"，管线单位不愿进地下管廊的原因，一是过去"免费午餐"吃惯了，不想交这笔入廊费、维护费。"这笔钱怎么收，依据是什么？我们没有遇到过，回去账都不好做。"某电信企业负责人直言不讳。二是可以"曲线救国"。河西南部 15 平方公里，主次干道"三纵七横"，可公共管廊才"一纵三横"，一些开发项目的市政管线，显然从外围道路绕过"共同沟"进入业主单位。① 上海浦东新区张杨路耗资 2 亿元建成的国内第一条市政综合管廊水管，建成后多年仍闲置过半，马路照样挖，一遍遍安置水电煤管，原因是有权属单位故意避开张杨路，宁愿选择在周边道路开挖铺设管线也不愿意入廊。"有些单位出于自身利益考虑，不愿意自家的管线进管廊。"② 武汉市城乡建设委员会管网统筹办相关负责人说，管廊的维护费用，比老式设施高，因此有些单位宁可自己维护管线，也不用管廊。三是没有明确的管理及投资主体，使得各管线单位不愿进入。"对于地下空间的开发利用，不同的地方政府可能由不同的部门牵头组织，政策长期没有明确统一的主管部门"③，上海中茂律师事务所律师邹红黎告诉记者，她曾参与起草了《中国 2010 年上海世博会园区管线综合管沟管理办法》，这是国内第一部关于综合管廊的政府规范文件。2001 年 6 月和 2003 年 5 月，北京市曾提出在拟建的两广路和南中轴道路下修建地下综合管廊，上海市政工程设计研究总院一名工程师说："但最终因为没有明确的管理及投资主体，各管线主管单位不愿意进入而作罢"④。最后，像南京这样，上海、深圳、苏州等地的地下综合管廊，都出现了利用率低、管线单位不愿入廊的情况。

4.3 民营企业——后顾之忧

现在，PPP 模式属性成为整合社会资源、盘活社会存量资本、转变政府职能

---

① 汪晓霞、顾巍钟：《综合管廊，"良心工程为何遇冷"》，《新华日报》2015 年 8 月 13 日。

② 彭一苇、刘倩倩：《推行地下管廊，难在哪？》，《湖北日报》2014 年 9 月 1 日。

③ 王峰：《万亿管廊投资风口：管线"搬家"累觉不爱》，《21 世纪经济报道》2015 年 8 月 5 日。

④ 王峰：《万亿管廊投资风口：管线"搬家"累觉不爱》，《21 世纪经济报道》2015 年 8 月 5 日。

的重要抓手。在 PPP 合作模式中，社会资本发挥的作用，有利于降低项目全生命周期的建设成本，提高公共服务的质量和效益，实现项目的效益最大化。

北京市律师协会招投标与拍卖委员会主任薛起堂表示，"不过，运用 PPP 模式，政府部门能通过招投标的方式选择多个项目合作对象，但中标的往往还是央企、国企等国资背景的企业。造成目前这种现状的原因，就是由于项目投资巨大的特性。"①

市场发达、融资环境好的城市，PPP 社会融资相对可行，而对欠发达的省份推行社会融资，在盈利模式不明朗、相关配套设施不完善的情况下，民营资本望而却步，犹豫不决。

当前，政策缺位影响落地在管廊 PPP 中体现得相当明显，因地方政府普遍的心态是"先建了再考虑运营"，对项目盈利和运营模式没有理顺，于是注重风险收益平衡的民营资本势必难以在一切不明朗的情况下轻率介入管廊 PPP。

涉及细节方面，民营企业对综合管廊的收费标准设计方面会更为关心。如今总体原则是"谁受益，谁缴费"，内容涉及入廊管线单位具体是买断还是出租管廊；另外一个关键点是"资金如何可回收"，即费用通过什么方式缴纳，以确保费用的有效收缴。在综合管廊运营管理中，可能会存在入廊管线单位欠费或延迟缴费问题，这类问题如何规避，是民营企业的关心点，也是制度设计的关键点。

4.4 金融机构——发展滞后

北京政企合盈经济咨询中心执行合伙人李刚向《华夏时报》记者表示，目前 PPP 项目中还没有看到商业银行在融资和长期贷款融资方面出台更多的政策。虽然个案贷款有改进，但不具有普遍意义。目前项目实施方案设计融资结构时还需要征询银行意见，银行分支机构一般都需要一事一议地请示汇报，效率不高。②

济邦咨询董事长张燎说，PPP 融资难主要是融资担保结构设计难，"主要是以商业银行为主的信贷机构不熟悉结构化项目融资，银行只熟悉和信赖实物抵押的担保方式。"③

4.5 专家——观点不一

中国投资协会副会长刘慧勇认为，地下管廊本来有收益来源，比如自来水

---

① 李明思：《城市地下综合管廊：政策与融资是发展关键》，《中国经济导报》2016 年 2 月 17 日。

② 金微：《地下管廊建设推 PPP 八大管线结束分割自治时代》，《华夏时报》2015 年 8 月 13 日。

③ 金微：《地下管廊建设推 PPP 八大管线结束分割自治时代》，《华夏时报》2015 年 8 月 13 日。

等。其建成后，也可降低居民的生活成本。统一的地下管廊可以大大节约排污、供水的成本，污水处理费、自来水费就有降价的空间，市民就可以少缴一些费用。①

中国城市规划协会地下管线专家委员会副主任江贻芳曾在《中国城市地下管线发展报告》中指出："大型共同沟的造价几乎与地铁造价不相上下。成本高，又没有任何约束的情况下，管线权属部门就会缺少进入共同沟的意愿。独自新建一个管道，一次性100万元就够了，进入地下综合管廊，每年都要掏二三十万元。"②

相关业界人士表示，地下管廊的投融资挑战巨大，核心问题在于：以往地方政府有意愿亦有财力投资建设地下综合管廊，大多将其作为公益性项目进行建设管理，让社会资本进入，难就难在如何替资本找到盈利模式。在此情况下，政府包干几乎成为面对无奈现实的唯一选择。"在建设初期，深圳的地下综合管廊为政府全权出资。"深圳市规划和国土资源委员会有关人士称，"我们在《规划》中也探讨了将来采用'政府企业联合出资'及'特许经营权'的方式来建设地下综合管廊。但受制于产权问题、法律问题等一系列问题，需要进一步完善。"在投入了巨额的前期建设资金之后，无论是政府还是社会主体，都不可能、也没有能力长期为运维持续买单，而比较合理的方式便是由入廊单位分摊成本，缴纳一定数额的使用费，但深圳全市对费用分摊尚未明确。③

北京排水集团水专家谭乃秦指出，地下管廊建设可以交给社会资本，未来不同的部门都可以参与管理，要参与的就交钱。如预留的地方给其他部门建设其他管道，都可以收钱，各自费用各自处理。谭乃秦说，"也可以依靠国外公司投资，但前提是能看见收益，若不能保证收益，那这一条路是不可行的。"④

4.6 市民——期待发展

厦门市政集团在企业开放日里安排30多位市民参观已建成的位于集美新城片区的地下综合管廊项目后，市民刘朝罡说："比如说（地下管线）抢修，比如说维护，你要把它挖掉，你知道现在城市的交通，你也知道就是很拥堵，一旦你把它挖开之后，很容易造成交通堵塞，给出行造成很大的麻烦，那么现在采取这个方式之

---

① 定军、段倩、陈海银等：《不要再到城市里来"看海"国务院部署城市地下综合管廊建设》，《21世纪经济报道》2015年7月30日。

② 焦建：《深圳"地下"投资往事》，《财经》2015年8月19日。

③ 焦建：《深圳"地下"投资往事》，《财经》2015年8月19日。

④ 定军、段倩、陈海银等：《不要再到城市里来"看海"国务院部署城市地下综合管廊建设》，《21世纪经济报道》2015年7月30日。

后呢？我就感觉，就像打开一个门，你看看我是哪里出问题了，找起来也很方便。"①

市民高蓓说："当然就是期待发展得越来越好，然后这个区域更广一些，尽量地就是我们自己生活那周边也可以建立起这样的管廊来，然后，这样子我们就不用每天看到到处挖得很破，城市环境也会比较好。"②

市民董立功说："应该是把管廊的建设和老城区的更新改造结合起来，就是这一段路，比如说，这段路已经达到了使用年限，要重新进行修整，那么就可以把它跟管廊的建设结合起来一步到位。""我觉得可以对那些早进入这个管廊的这些企业呢，在收费标准上，提供一些优惠，就是说我早进入这个管廊比后进入有优势，从长远来看，我看还是要通过立法的形式，比如说制定地方性法规，因为厦门是有立法权的城市，制定一些地方性的法规来规定强制入廊。"③

对地下综合管廊建设的争议，都是在肯定地下综合管廊带来的长期经济效益和社会效益的基础上聚焦于建设的"痛点"和"难点"，即产权不明晰导致投资主体稀缺、运营成本高、盈利模式欠缺、分摊比例不清等，这一系列难题依旧等待破解。"制度安排及运营模式双双欠奉"的地下综合管廊要在各城市扎根，仍将面临挑战。

5 结束语

城市地下综合管廊是极为重要的市政基础设施，关乎城市建设发展和生命财产安全。引入社会资本和民营组织，开展政企合作共建 PPP 模式实践，推进城市地下综合管廊建设，是重大的兴市利民之举，也是城市建设理念、建设方式的重要转变。通过对 PPP 模式下十堰市地下综合管廊存在的问题进行调查和实证研究，不难看出，当前我国在地下综合管廊政企合作共建模式的具体实践方面有一些突出的缺陷，有待继续观察和探索。

首先是关于开展政企合作共建的法制基础的考量。由于我国尚未以立法形式明确政企合作共建 PPP 模式的有关要求，当政府规制不完善、不健全、滞后于社会经济发展的需要时，最容易发生的情况就是政府"缺位"造成市场秩序混乱。特

---

① 《地下综合管廊　厦门先行先试》，http：//tv.xmtv.cn/2015/11/24/VIDE1448373248987477. shtml，2015 年 11 月 24 日。

② 《地下综合管廊　厦门先行先试》，http：//tv.xmtv.cn/2015/11/24/VIDE1448373248987477. shtml，2015 年 11 月 24 日。

③ 《地下综合管廊　厦门先行先试》，http：//tv.xmtv.cn/2015/11/24/VIDE1448373248987477. shtml，2015 年 11 月 24 日。

别是对于像地下综合管廊这种永久性基础设施来说，一旦发生秩序混乱情况，将直接影响社会经济安全平稳运行和居民生命财产安全，风险较大。因此，国家层面必须加紧研究出台政企合作共建PPP模式的相关法律法规，为推广这个合作模式提供保障。

其次是关于市场对私人资本开放程度的考量。地下综合管廊建设属于大型基础设施建设的范畴，在国内从事基础设施建设的企业中，国有"中"字头企业不仅规模大、实力强、数量多，而且长期占据整个产业链的核心地位，在市场占有率方面有绝对优势，民营建筑企业尽管数量众多，但在规模和实力方面都弱于国有"中"字头企业，竞争时就势如"航母"与"渔船"的对比。以十堰为例，聚集了30多家"中"字头国企参与投标，民营企业几乎无法插足竞争，与其说拉动的是社会资本，不如说拉动的还是国有企业资本，这与PPP（Public-Private-Partnership）模式中的"私人资本"（Private）的角色定位仍有差距。市场对私人开放的程度决定了拉动私人投资、搞活市场经济的效果，以政府为主导，国有资本投资、建设、运营这种PPP模式，仍然不能称之为真正的政企合作PPP模式，也难以充分发挥作用。因此，针对吸引私人资本参与政企合作项目，应该有更为积极的措施。

再次是关于地方政府"越位"的考量。在上位法缺位和市场自由竞争两种情况下，具体实施政企合作项目的政府机构和人员为了推进项目实施，可能会"越位"行事，通过出台各种不符合国家法律法规的"地方政策"，或者以地方行政长官意志为标杆，为合作企业提供不恰当的帮助或资金补贴，间接伤害社会公共利益，甚至会由此引发权力寻租的风险。

最后是关于适用市场环境的考量。当前，我国整体经济下行压力增大，经济发展增速缓慢，基础设施建设开工不足，社会发展进入艰难时期，各个地方政府新建的"新区""新城"已经出现发展停滞、商住楼空置率高、入住人口不足等问题，甚至出现很多"鬼城"。如果地下综合管廊建设避重就轻，为避免外部性影响放弃老城区，都以新区为主，则极有可能造成长久的基础设施投资浪费，且不能实现解决老城区地下管线杂乱、排水能力不足问题的初衷。一旦新区建设投资不能转化为市场购买力和公共消费，投资回报的目标不能实现，则国家通过地下综合管廊政企合作共建拉动投资的计划将面临极大的违约风险，一旦合作企业因运营和投资回收失败发生资金链断裂，危及的还是政府、银行业等掌握社会经济命脉的机构和行业。因此，在市场环境的适用条件上，项目公司一定要坚持深入开展市场调查研究、准确把握市场发展动向、紧密联系管线单位以及科学决策的原则。

但是，也应该看到，国家在推广地下综合管廊政企合作共建中采取的是有的放矢与审慎认真相结合的方式，充分调动各地方政府的积极性，又严肃认真地布局上层架构。相信在政企合作共建试点工作开展的同时，国家将逐步完善相关法律法规，成立管理机构，配套具体政策，形成一套符合我国国情发展需要的政企合作共建模式。

 思考题

1. 相对于传统直埋市政管线，地下综合管廊有诸多优势，但并未如计划一样快速发展，主要原因有哪些？

2. 现阶段我国地下综合管廊投融资模式有以苏州、上海为代表的政府全权出资模式，以佳木斯、南京、抚州为代表的特许权经营模式，以武汉王家墩为代表的民营企业投资建设模式，以及政企合作共建模式（PPP 模式），这些模式有何优缺点？为什么现在推广应用更多的是 PPP 模式？

3. 试分析 PPP 模式下，政府、管线单位、民营企业、金融机构之间存在的主要争议是什么，以及该如何解决争议。

4. 政企合作共建模式下十堰市建设地下综合管廊主要遇到哪些问题？

5. 地下综合管廊政企共建模式从本质上看是一种融资模式，如何在这一模式中保证企业的利益以调动企业的积极性？

6. PPP 模式下政府的主要作用和职能到底应该如何发挥？

案例教学手册

一、课前准备

在充分了解政企合作共建模式下十堰市地下综合管廊建设过程的基础上，制订明确合理的授课计划，根据相应步骤充实课堂素材。具体准备：一是课堂讲义的草拟、幻灯片的制作、师生互动内容的准备等，要在授课前期完成；二是要提前告知学员本次课程授课主题，至少提前一周发放案例材料，让学员在课前能够熟悉案例内容，了解并查阅案例涉及的相关背景及理论知识；三是在课前将学员分为四组，分别扮演政府管理部门、管线单位、民营企业、金融机构四种不同的角色，做好课堂讨论准备。

二、适用对象

本案例适用对象为公共管理类的市政管理学专业、城市规划与管理专业相关学员，管理学、公共经济学等关联学科的学员，以及对此类事件较为感兴趣的个人或群体。

三、教学目标

1. 了解事件，分析问题

通过案例教学，让学员了解地下综合管廊建设背景、发展历程，以及十堰市在建设过程中具体遇到的难题，从政府、管线单位、民营企业、金融机构各方主体出发，引导学员分析地下综合管廊建设中的争议与利益冲突，分析产生争议的具体原因，并探寻合理的解决之道，为其他地区建设地下综合管廊提供有益经验。

2. 掌握问卷调查

从问卷设计到问卷调查、统计、分析，简明扼要地陈述整个调查过程，找准建设地下综合管廊最需要解决的障碍和将来可能出现的风险，学员掌握此种调查方法，可运用于公共管理其他领域的问题分析。

3. 总结 PPP 模式下十堰市地下综合管廊面临的核心问题

地下综合管廊是国家目前大力推进建设的公共基础设施，地下综合管廊政企合作共建目前是一个全国性的问题。总结 PPP 模式下十堰市地下综合管廊面临的核心问题和困境，在对此进行分析的基础上，深入思考其他地区建设地下综合管廊可能面临的问题，以及其与十堰市的不同之处，学会举一反三。

4. 培养学员多元思维能力，正确认识问题和解决问题的能力

建设地下综合管廊涉及政府、管线单位、民营企业、金融机构，四方主体围绕公共基础设施建设相互博弈，各主体看待问题的角度各不相同。因此，通过对此类事件的分析，公共管理类学员应当深入思考政府在公共基础设施建设中所处的地位与所应承担的责任，形成公共管理问题意识，从整体上把控此类事件的解决框架，结合自身思考，寻求解决方法。

四、要点分析

1. 案例中的几个关键词

地下综合管廊、政企合作共建模式（PPP 模式）、十堰市

2. 案例中的相关主体

政府管理部门、管线单位、民营企业、金融机构、市民

3. 案例中的几个显著问题

（1）项目前期调研与市场脱节的问题。

一是管线单位在老城区的需求得不到有效满足。十堰市属于山地城市，老城区人口聚集度高，需求强烈，而试点建设期间纳入建设规划的老城区较少，短期内管线单位的需求难以得到满足。二是缺少综合规划支撑，使得规划覆盖面积不全。三是对各管线相关专业规划的整合不够，容易造成交叉矛盾。

（2）政企合作制度、政策和组织保障的问题。

我国关于 PPP 的法律法规有待完善，国际上 PPP 项目的一些做法与我国现行的法律法规也存在矛盾冲突，地下综合管廊相关配套政策并不完善，没有专门的 PPP 管理机构，也没有综合的建设技术管理机构，这些都制约了地下综合管廊的建设。城市地下管线有 9 大类，各城市地下管线的产权归属单位很复杂，十堰市情况更为特殊，有十堰市和东风公司两大板块，各自均有相对完善的供电、供气、供

热、通信等配套体系，协调各管线单位统一入廊并承担相应的费用更加难。

（3）政企合作投融资机制方面的问题。

地下综合管廊建设运营属于长期性、低收益的基础设施项目，在前期建设阶段投入资金较大，回报周期很长。但是突出的问题是，项目公司在进行融资的过程中可以依靠的渠道有限，如果通过商业借贷等方式进行融资，成本较高。到目前为止，还没有国家政策性银行和相关基金提出对地下综合管廊建设政企合作项目给予政策优惠和资金支持，如何降低建设初期融资成本，成为亟待解决的突出问题。

（4）政企合作的激励机制的问题。

一方面，管线企业出于成本考虑，可能放弃入廊。单独建沟和共用管沟的成本相差很大，如果统一都用入综合管廊的方式组织管线布设，在没有激励措施的前提下，不排除一些共用管沟的企业受成本增加过大的影响，放弃入廊，改为绕开建设管廊的道路，另寻其他路由布线的。另一方面，管线企业之间可能会存在恶性竞争。由于十堰市在供电、供水、供气、供热等方面均存在政企二元结构，在进行综合管廊入廊布局时，难以避免各管线单位交叉覆盖、争夺市场的情况，政府应主导正向激励，与东风公司等管线单位进行多边谈判，根据市场容量和需求，结合各管线单位自身的市场发展需要进行统筹规划，研究划分一定的经营范围，避免各管线企业的同业竞争，造成市场过度开发。

（5）政企合作定价难以明确的问题。

当前十堰市政府初步确定的特许经营期为 30 年，30 年经营期满，项目公司将管廊设施转让给政府管理，但是新城区形成市场需求缓慢，老城区投入运营规模不足，可能导致特许经营期内项目公司的成本利润平衡点相对滞后，融资成本增加，回报期较晚，30 年内能否实现成本收回、有效运营，测算难度非常大。国家目前尚未出台入廊管线的收费标准，无法将水、电、暖、通信等各类管线部门各自的入廊成本进行标准化测算，在测算建设成本、运营成本、收益率时，政府与入廊管线单位存在定额标准不一致、计算方式不相同的差异，造成整个项目成本难以核算，各方对试点项目的经营收益率和回报率核算存在较大的分歧，这也导致部分竞争单位对特许经营期 30 年的顾虑。

（6）独立的监管机构没有形成的问题。

根据政企合作共建模式的组织结构，为防止市场失灵和政府失灵，需要成立相对独立、专业的地下综合管廊建设、运营管理的监管单位，以第三方监管单位的身份，对政企合作双方的合同履约情况、建设情况、运营管理情况、提供公共产品和服务的质量、社会效益进行综合评价和监督。由于缺少相关专业人才队伍，这一专门的监管机构尚未成立，还不能在建设的前期对政企合作的过程进行监督。

（7）项目的建设管理问题。

地下综合管廊的运营管理是一个长期的动态管理过程，对企业合作伙伴的运营管理经验有非常高的要求。从参加项目竞争的企业情况来看，由于我国的体制因素，以及私营企业由于规模、实力相比国企较为弱势，国内的大型基础设施建设领域以国有建筑业企业居多，但国有企业在市场运营管理的灵活性、高效性、创新性等方面较弱。新城区地下综合管廊的发展有一个缓慢积累的过程，管线单位根据各自市场需要逐步进行管线敷设，初期会有一段时间存在新建综合管廊成本较高、入廊管线不足、入廊进度缓慢等现象，不利于建设和运营维护成本回收。

4. 案例中各主体的基本态度

政府：积极推进公共基础设施建设，但囿于财力有限，多方寻求合作路径。
管线单位：对损害自身原有利益的情况，会有所抵触。
民营企业：在投资时会因政策不精细、盈利不明朗而有后顾之忧。
金融机构：发展相对滞后，无法充分发挥资金中介平台的作用。
市民：期待公共基础设施的建设，改善环境与生活水平。

5. 案例中的深层思考

（1）关于开展政企合作共建的法制基础的考量。

由于我国尚未以立法形式明确政企合作共建 PPP 模式的有关要求，当政府规制不完善、不健全、滞后于社会经济发展的需要时，最容易发生的情况就是政府"缺位"造成市场秩序混乱。特别是对于地下综合管廊这种永久性基础设施来说，一旦发生秩序混乱情况，将直接影响社会经济安全平稳运行和居民生命财产安全，风险较大。因此，国家层面必须加紧研究出台政企合作共建 PPP 模式的相关法律法规，为推广这个合作模式提供保障。

（2）关于市场对私人资本开放程度的考量。

地下综合管廊建设属于大型基础设施建设的范畴，在国内从事基础设施建设的企业中，国有"中"字头企业不仅规模大、实力强、数量多，而且长期占据整个产业链的核心地位，在市场占有率方面有绝对优势，民营建筑业企业尽管数量众多，但在规模和实力方面都弱于国有"中"字头企业。以十堰为例，聚集了 30 多家"中"字头国企参与投标，民营企业几乎无法插足竞争，与其说拉动的是社会资本，不如说拉动的还是国有企业资本，这与 PPP（Public-Private-Partnership）模式中的"私人资本"（Private）的角色定位仍有差距。市场对私人开放的程度决定了拉动私人投资、搞活市场经济的效果，因此，针对吸引私人资本参与政企合作项目，应该有更为积极的措施。

（3）关于对地方政府"越位"的考量。

在上位法缺位和市场自由竞争两种情况下，具体实施政企合作项目的政府机构和人员为了推进项目实施，可能会"越位"行事，通过出台各种不符合国家法律法规的"地方政策"，或者以地方行政长官意志为标杆，为合作企业提供不恰当的帮助或资金补贴，间接伤害社会公共利益，甚至会由此引发权力寻租的风险。

（4）关于适用市场环境的考量。

当前，我国整体经济下行压力增大，经济发展增速缓慢，基础设施建设开工不足，社会发展进入艰难时期，各个地方政府新建的"新区""新城"已经出现发展停滞、商住楼空置率高、入住人口不足的问题，甚至出现很多"鬼城"。如果地下综合管廊建设避重就轻，为避免外部性影响放弃老城区，都以新区为主，则极有可能造成长久的基础设施投资浪费，且不能实现解决老城区地下管线杂乱、排水能力不足问题的初衷。如果新区建设投资不能转化为市场购买力和公共消费，投资回报的目标不能实现，则国家通过地下综合管廊政企合作共建拉动投资的计划将面临极大的违约风险，一旦合作企业因运营和投资回收失败发生资金链断裂，危及的还是政府、银行业等掌握社会经济命脉的机构和行业。因此，在市场环境的适用条件上，项目公司一定要坚持深入开展市场调查研究、准确把握市场发展动向、紧密联系管线单位以及科学决策的原则。

五、课堂安排

1. 案例回顾

用大约 30 分钟的时间进行地下综合管廊案例回顾，在回顾过程中充分运用计算机辅助手段，用视频播放器播放地下综合管廊的相关新闻报道。

2. 分组

在案例回顾结束后，借由角色扮演将学员分为 4 个小组，角色分别为政府管理部门、管线单位、民营企业、金融机构，并每组指定一人做记录，最后总结本组观点。

3. 案例讨论（第一次）

分组后，引导学员进行第一次课堂讨论，课堂讨论可以利用小组辩论的形式，由不同的组代表不同的主体，阐述各自的态度，各小组可对其他小组进行提问和反驳，最后由记录员总结陈述本方观点。

4. 教师点评（第一次）

教师对各小组辩论环节相关论点以及总结观点进行分析点评。

5. 案例深化

教师对本案例进行深化，向学员提出 2~3 个案例深层问题。

6. 案例讨论（第二次）

设问后，引导学员进行第二次课堂讨论，此次课堂讨论不分组，自由讨论，讨论结束后如有争议，继续进行辩论环节。

7. 教师点评（第二次）

教师对学员回答问题及辩论环节的相关论点进行分析点评。

8. 教师总结

教师对案例所反映的要点进行全面总结，并向学员提出今后学习的相关建议。

六、其他教学支持

1. 计算机支持

Microsoft Office 软件中 Word 和 PPT 的全面运用。

2. 视听辅助手段

（1）投影仪。
通过与计算机相连，展示课堂教学 PPT，播放新闻报道。
（2）影音播放器。
影音播放器支持本地播放与在线视频点播，在案例教学中使用播放器播放新闻报道。

互联网金融监管
——以 e 租宝事件为例

摘要：2015 年可以说是互联网金融乱象丛生的一年：700 多家 P2P 平台跑路、泛亚兑付危机、e 租宝事件等轮番上演，让互联网金融这一快速发展的新兴行业面临前所未有的质疑。本案例以 e 租宝事件为例，描述了在互联网金融行业中政府、行业、投资者和新闻媒体等参与主体之间存在的各种问题，并对案例中的关键问题进行详细分析，对政府在互联网金融监管中存在的不足进行了盘点。该案例中的问题也存在于多个企业，说明其具有重要的普遍性与分析价值。

关键词：互联网金融　e 租宝　非法集资　监管　政府

2015 年，大大集团被曝在资金来源、投资标的中出现问题。

2016 年年初，翼龙贷被爆涉嫌非法吸收公众存款。

近几年互联网金融频发丑闻。对此，我们应认真思考：政府在互联网金融的监管方面究竟存在哪些不足？行业自身又有哪些地方需要改进和完善？投资者应采取何种方式来进行维权？下面就以 e 租宝事件为例，来分析这些问题。

1　事件回顾

2015 年 12 月 3 日下午，微信朋友圈疯传来自金融视界的一篇标题为《疑涉嫌非吸，e 租宝 40 余人被带走！》的文章。对此 e 租宝回应称，只是其代销公司协助警方调查。当天，被带走的员工被警方送回，在 e 租宝强势的公关下，此事很快被遗忘。

但上述消息传出后，P2P 中介——网贷之家随即跟进，公开发布了一份数据，称 e 租宝 2015 年 10 月的借款标中，有大量借款企业在借款前，出现突击变更注册资本、经营范围、法定代表人等行为。

2015 年 12 月 8 日晚间，e 租宝的网站和 App 均无法打开。警方调查了北京和上海两地的 e 租宝办公室，包括 e 租宝总部所在的北京朝阳区呼家楼附近的安联大厦。据知情人士透露，公安人员很快锁上大门并接管现场，对员工展开问话，直至当晚 9 点后警车仍未离开。与此同时，广州和佛山的分公司办公室也被公安局经侦支队贴上了封条。

2015 年 12 月 9 日，在安徽省蚌埠市钰诚集团总部，有工人开始拆除带有钰诚集团字样的标识和招牌，随后 e 租宝实际控股人丁宁被抓，多省调查部门已确定 e 租宝及其关联公司涉嫌非法集资，钰诚系账户全部冻结。

多位投资人向记者表示事件刚发生时，他们收到了客户经理群发的短信："e 租宝交易暂停，主要是针对近期的传闻，为避免投资客户恶性挤兑出现踩踏事件，e 租宝积极配合警方调查，调查期间关闭后台。"短信中还写道，"集团在调查期间，主动封闭冻结了中信银行风险保证金 11 亿元和足以覆盖刚性兑付的应兑付客户的本金和收益"，以解答投资人普遍担心的资金安全问题。

对此，中信银行则表示 e 租宝在中信银行并无风险备用账户，仅开立活期账户，余额为 0，不过其关联方安徽钰诚融资租赁有限公司有风险备用金 10.71 亿元，该笔存款已于 12 月 8 日晚被公安机关冻结。

事件发生后，全国各地的 e 租宝线下门店均已关闭。随着事态不断恶化，大量投资者开始陷入恐慌，他们聚集到安徽省蚌埠市钰诚集团总部，想要讨个说法并挽回损失。但此时钰诚集团总部早已人去楼空，愤怒的投资者将电脑、空调、饮水机等办公设备一抢而空，甚至连桌椅、花盆也不放过。

在北京 e 租宝总部，有近百位投资者聚集在安联大厦 27 层。虽然大屏幕还在滚动播放 e 租宝、钰诚集团的宣传片，但现场除了保安，没有一名 e 租宝的工作人员。而且据了解，除了 e 租宝，母公司钰诚集团旗下芝麻金融、钰申金融、惠仁财富在 e 租宝网站关闭的同时也都无法打开了。

2015 年 12 月 16 日，警方对 e 租宝涉嫌犯罪问题立案侦查。

2016 年 1 月，警方公布 e 租宝非法集资 500 多亿元，并于 2 月 13 日启用"非法集资案件投资人信息登记平台"，首次对 e 租宝及其关联公司涉嫌非法集资案件的投资人开放。

2016 年 4 月，e 租宝事件被定性为非法集资案件。

2016 年 8 月 15 日，此案件由北京市公安局侦查终结移送审查起诉，北京市人民检察院第一分院依法受理。

2017 年 9 月 12 日，北京市第一中级人民法院依法公开宣判被告单位安徽钰诚控股集团、钰诚国际控股集团有限公司以及被告人丁宁、丁甸、张敏等 26 人集资诈骗、非法吸收公众存款案，处罚金人民币 18.03 亿元，丁宁以集资诈骗罪、走私贵重金属罪、非法持有枪支罪、偷越国境罪判处无期徒刑。

2017 年 11 月 29 日，北京市高级人民法院依法公开宣判钰诚国际控股集团有限公司等单位，丁宁等 26 人集资诈骗、非法吸收公众存款上诉一案，二审维持原判。

至此，持续了近两年的"中国规模最大的庞氏骗局"暂时告一段落。

2 相关问题分析

从世界范围来看，当前互联网金融监管水平还比较低，尚处于摸索的初级发展阶段，尤其是缺乏足够的法律监管实践，全球性的监管参照体系尚未建成。特别是我国互联网金融刚刚起步，所以相对而言，相关的监管法律法规还不完善，行业自身也存在着诸多问题，投资者更是忽略风险，因此，才会接连出现类似 e 租宝的事件。

2.1 e 租宝事件中政府存在哪些问题？

e 租宝在短短 1 年半时间里，从最初的几亿元做大到交易额 700 多亿元，涉及犯罪金额 500 亿元资金，不得不令人反思：这样的公司是怎么出现的，怎么获批经营的？是什么让 e 租宝的骗局如此迅速地扩大、发酵？金融监管部门在干什么？相关法律部门为何事前没有作为？

毫无疑问，之前的大大集团以及包括 e 租宝事件在内的众多金融领域骗局，都暴露出政府金融监管能力不足、盲目推动金融改革和金融创新的事实，以及法制上存在的各种漏洞。

从相关法律法规完善与否来看，由于互联网金融是近几年的新兴行业，我国监管部门在放开互联网金融的前后，制度建设是远远没有跟上的，这样就导致了互联网金融行业在迅猛发展的同时，没有相关法律法规的规制，行业才会乱象丛生，类似 e 租宝的事件才会出现。

在 e 租宝恶性事件爆发后，政府加快出台网贷管理制度，几番博弈之后赶在2015 年最后几天出台了《网络借贷信息中介机构业务活动管理暂行办法（征求意见稿）》。需要注意的是，监管方提出来的不设门槛的网贷备案制，在业内是有很大争议的；还有专家认为，将监管权下放至地方金融办也值得商榷，因为各地方金融办的能力差别非常大，他们担心最后的结果是金融发展水平比较高、监管能力比较强的地方全叫停，反而是发展水平比较低、监管能力弱的地方继续放开。

众多业内人士认为，相关制度规章的缺失、不完善是导致 e 租宝事件频发的一个重要原因，所以政府相关部门在鼓励互联网金融加快发展和创新的同时，应加快完善法制建设。

2014 年"两会"后，中央逐渐明确了对 P2P 网贷、众筹等的监管分界，由证监会监管股权众筹，而银监会监管 P2P 网贷。然而，尽管业内人士千呼万唤，相应的监管政策却迟迟未能颁布。

2015 年 7 月 18 日，中国人民银行等十部委发布《关于促进互联网金融健康发展的指导意见》，为包括 P2P 网贷在内的互联网金融的监管设定基调。其后，保监会、中国人民银行相继发布《互联网保险业务监管暂行办法》和《非银行支付机构网络支付业务管理办法（征求意见稿）》，而 P2P 网贷的监管办法却还是深藏闺阁。

2016 年 4 月 27 日，"防范和处置非法集资法律政策宣传座谈会"在银监会召开，中国人民银行相关负责人在会上表示，下一步人民银行将抓紧完善监管制度，继续配合有关部门和地方政府，推动出台互联网金融各具体业态配套监管办法。

由此可见，在 e 租宝事件后，政府出台了一系列相关的规章制度，e 租宝事件也让政府有了反思，可以为以后互联网金融的发展起到很好的借鉴作用。

除了法律规章制度的不完善外，政府监管部门的不作为也是众多百姓给予指责的关键。要知道非法集资在诞生、发展的过程中涉及多个环节和部门，但是相关行政主管部门却没有及时发现，或者发现了也没有及时地采取有效措施加以监管，这才能使其侥幸存在。对于 e 租宝事件，为什么相关部门没有及早介入？可以说，正是因为缺乏对应的监管规章以及"相关部门"，才导致了硕鼠横行。

"这跟整个行业准入门槛低、发展过快有一定关系。很多互联网 P2P 网贷理财平台经营者并不具备从互联网运营到金融管理各个层面的专业知识，对风险把控、资金托管、信息披露、内部控制、网站信息安全等关键业务环节没有概念，这样的网贷理财平台出现问题也在情理之中。"在接受《中国经济导报》记者采访时，银客网 CEO 郭新涛认为，政府监管对整个行业长远发展很有必要，希望有关部门尽快出台相关的监管政策。①

路透社有评论指出，e 租宝事件突出了中国快速增长到 2.6 万亿美元的财富管理产品行业带来的风险。很多产品是通过监管不严的渠道出售的，包括在线金融投资平台和私营交易所。中国 P2P 行业缺乏监管已经有一段时间了。截至 2015 年年底，P2P 倒闭平台的数量已经超过了新增平台的数量。监管者只要稍微用点心，去有关企业实地调查一下，骗局就会被揭穿。但也许是眼下互联网金融企业多如牛毛，监管资源匮乏，监管者力不从心，无法精细地去监管，才让"e 租宝"这样的骗术大行其道。但对"e 租宝"这样的超级金融企业，监管者应当倾注一定的精力，予以重点监督，待到"黑天鹅"展翅高飞，再开动监管机器，为时晚矣。

2.2 行业自身问题

此次事件中，还有一个问题引起人们的关注，那就是互联网金融行业本身所存

---

① 刘宝亮：《行业准入门槛低　互联网金融隐现危机》，《中国经济导报》2014 年 1 月 14 日。

在的不足。众所周知，2015 年是互联网金融行业乱象丛生的一年，非法集资事件层出不穷，这就让人不得不思考其中的原因了。行业内的监管为何没有作用？在众多事件发生后，为什么还没有吸取教训，非法集资、跑路事件为何如此之多？而后来 e 租宝资金池的问题，也有人质疑为什么投资者都无从掌握资金流向，信息披露为何不明确？进入这个行业的标准为何如此之低？一系列疑问都让人对互联网金融这个新兴行业产生了严重的质疑，也严重影响到了其后续发展。为此，某专业人士指出，行业内法律法规不健全是导致互联网金融行业乱象的一个关键原因。

因为我国互联网金融刚刚起步，所以在相关立法方面尚不完善，相关部门都缺乏具有针对性和可操作性的监管实施细则。2015 年中国人民银行联合十部委共同发布了《关于促进互联网金融健康发展的指导意见》（以下简称《指导意见》），但《指导意见》是一套行政管制措施，不具有法律威力，表明互联网金融领域的法律及相关细则仍是一片空白。如果没有法律支撑，单纯依靠行政监管，互联网金融行业乱象难以得到治理，且互联网金融行业自身权益也难以得到保障。

e 租宝事件发生的原因之一就是其行业的相关法律缺失，由于存在法律漏洞，现有的法律很难对其行为进行明确的法律认定，造成打击处理滞后，处置被动。e 租宝整个事件从爆发到最终判定为非法集资案件，用了半年多时间，然而相关违法人员落网时，投资者的钱已经来不及追回。e 租宝能在一年时间内集资 500 多亿元，在这期间相关部门竟然毫无察觉，可见法律滞后是多么严重。

行业内自身存在的另一个问题，就是互联网金融行业的准入门槛过低。这是在 e 租宝事件发生后很多专家都谈到的，也是很多投资者在事件发生后对互联网金融行业的反思。

我国目前对于 P2P 网络借贷平台设立条件的限制较少，网贷平台往往只需花费几百元买个模板，开发一个平台软件，再雇一些客服人员，就能立即上线。"简单粗暴"的上线模式，也让不少跑路平台趁机"借网贷虚名，行集资之实"。我们知道，金融是有门槛的行当，因为它涉及公共基本安全。我国的 P2P 借贷平台大部分注册为投资咨询类有限责任公司和电子商务类有限责任公司。与小额贷款公司要求的对从业人员和注册资本的限制相比较，其所受的监管要宽松得多。这就给很多希望建立小额贷款公司，但是没有足够资金和资质的人以可乘之机，可以以很少的注册资本成立 P2P 借贷平台，然后行小额贷款公司之实。另外，很多以诈骗为目的的人，也掺杂其中，妄想利用 P2P 借贷平台进行诈骗。这就在一定程度上造成了 P2P 网络信贷行业的良莠不齐，急需一个准入的限制。

民生银行法律合规部的吕琦，对互联网金融给传统金融业所造成的冲击有着直观的感受。她表示，在互联网时代，从支付到贷款，从理财到其他中间业务，由于受到的监管和约束完全不同，传统银行在起跑线上突然发现自己负重前行，互联网企业则轻装上阵，甚至是"裸奔"的。因此她提出，对于互联网金融行业应该坚持准入制度。①

在 e 租宝事件中，也有相关人士对 e 租宝公司的资金流提出了质疑，投资者指出他们对资金流向并不清楚，公司也没有任何与此相关的信息，这也就暴露了当前互联网金融行业的一个突出问题，即投资者与企业两方手里所掌握的信息是不对称的。这也是必须得到解决的一个关键问题。

融 360 理财分析师张建国认为，投融资双方信息不对称，既提高了网贷业务的交易成本，也增加了投资人的投资难度和投资风险。②

互联网金融信息披露制度论坛指出，互联网金融行业所暴露的最突出的问题是信息不对称，表现在债务人提供虚假信息，平台故意隐瞒真实信息，监管部门未及时披露违规信息。这些人为因素造成的信息"黑洞"，致使广大债权人投资充斥风险，评级的天然功能就是通过揭示债权人关注的债务人信用风险，解决阻碍两者结合的信息不对称问题。

目前，我国的信息环境和信用环境并不理想，因为很多数据没有办法获得共享。项目信息的不透明给投资者带来了很大的风险。银监会创新部王岩岫表示："互联网金融要有一套完善的信息披露系统，避免庞氏骗局出现，要时刻保持警惕，完善监管措施，做到准确、及时的信息披露，杜绝过高的投资回报率出现，通过权威的信息披露系统有效监管 P2P 行业。"③ 从中，我们可以看出信息披露的重要性。

目前，多数 P2P 平台存在资金运作不透明、资产端信息披露不完整、平台运营状况不公开等情况。更为重要的是，出现自融、资金池、虚假标等问题的 P2P 平台，大多存在信息披露不透明的情况。

2016 年 3 月 10 日在北京通泰大厦，由中国人民银行条法司、科技司组织，中国互联网金融协会 40 多家成员单位，行业研究机构及部分银行开展了研讨会，并对《互联网金融信息披露规范（初稿）》进行了探讨。初稿中要求 P2P 平台执行十分严厉的信息披露制度，包括每天更新违约率、项目逾期率、坏账率、客户投诉情况、借款人经营状况等至少 21 项平台运营信息。在分析人士看来，这算是行业内最严厉的信息披露制度。

同时也有分析人士表示，尽管目前 P2P 行业信息披露不透明现象较为严重，但面对最严厉的信息披露制度，要完全做到难度较大。

---

① 《互联网金融应设定准入门槛》，法制网，www. legaldaily. com. cn/executive/content/2014-06/23/content_5615793. htm? node＝32120，2014 年 6 月 23 日。

② 《P2P 将迎最严信披制度　平台完全执行难度大》，《北京商报》2016 年 3 月 11 日。

③ 《互联网金融信息披露要避免利益代言》，www. sohu. com/a/22630519_109373，2015 年 7 月 14 日。

在中国互联网金融协会筹备信息发布后，各大 P2P 平台开始寻找各路资源，希望成为该协会会员。分析人士指出，如此严厉的信息披露制度可能会减弱小型 P2P 平台入会热情。

一位 P2P 平台内部人士表示，目前高标准的信息披露制度肯定会阻挡一些小平台争取入会的热情，不过对于想合规经营的平台来说，为了长远健康发展，只能去迎合监管要求。

所以，到底需不需要如此严格的信息披露制度，也就此成为一个引发争议的话题。

2.3 投资者找谁要钱，如何维权？

"怎么才能拿回自己的钱？"这是投资者最关心的事情。据了解，曾经轰动一时的"东方创投案"，仅调查取证时间就 9 个多月，涉案金额 1.2 亿元，最终投资人拿回的资金不足本金的一半。所以 e 租宝事件发生后，投资者最在乎的就是找谁要钱，要多长时间才能拿回本金。如今案件终于得到了宣判，那么投资者的钱能否拿得回来？

在 e 租宝事件被网络曝光之后，在网上，通过贴吧、微信群、QQ 群，处于消息真空的投资者自发组建了多个维权群，人数迅速膨胀。根据各位投资人备注的信息，这些群的投资者在 e 租宝的投资额从几千元到上百万元不等。他们在群里商讨联合去总部索要本金，或者想办法诉诸律师维权，但更多的投资者则如热锅上的蚂蚁，希望能够尽快得到确切消息，拿回自己的本金。

投资者普遍认为可以采取两种途径来维权。一是政府兜底；二是走第三方维权的道路，也就是找广告商、媒体赔偿。

2015 年 12 月 12 日，有关媒体报道："公安机关会同有关部门正在对'e 租宝'网络金融平台及其关联公司涉嫌违法犯罪问题进行调查。北京及各省市区按照属地管理原则成立了专项处置工作机构，并开展有关工作，将依法最大限度地保护投资人的合法权益。相关工作进展情况，专项处置工作机构将适时予以通报。"[①]

非法集资案件投资人信息登记平台于 2016 年 2 月 13 日上线，截至 5 月 13 日登记结束。公安机关在登记期限结束后对投资人的身份信息和投资信息进行核对，核对后的投资信息将作为资金返还的参考。

对于此次事件，政府部门在维护投资者的权益方面，采取了一系列的相关措施。但不得不指出的是，走法律环节要花费巨大的时间成本，并且最终能否全额或部分追回投资资金还很难说。所以，投资者也非常担忧。就目前而言，还没有明确

---

① 《新华社：e 租宝涉嫌违法犯罪正在接受公安调查》，www. guancha. cn/economy/2015_12_12_344453. shtml，2015 年 12 月 12 日。

的资金返还或赔偿消息。二审宣判后，政府表示将由一审法院严格按照法律规定进行涉案财产的善后处置，尽快组织开展信息核实、资产变现、资金清退等各项工作，但并没有说明时间期限，赔付比例也尚未公布。

2.4 e 租宝倒了，央视等传媒是否要担责？

e 租宝的做大做强，毫无疑问地说是离不开央视等传媒的大力宣传的。自 2015年 4 月初开始，e 租宝的广告就陆续登上央视、各个地方卫视台、地铁站、火车站、飞机场等，尤其是 e 租宝在央视砸了 3102 万元最后抢下了《新闻联播》后的黄金时段的广告。事后众多受害者都说是因为看了央视的广告才放心投资的。

所以，e 租宝倒了，央视等传媒究竟有无责任？是否应该将广告费退还给受害者？这些问题成了媒体与受害者争论的焦点之一。

大多数的人认为央视等媒体应该担责，并提出了一系列的疑问：媒体发布 e 租宝广告的行为，是否违反国家法律规定，涉嫌虚假宣传？这些媒体在发布其广告之前，是否依据《中华人民共和国广告法》和《中华人民共和国反不正当竞争法》等法律的规定，尽到了应尽的审查义务？其收取的巨额广告费等，是否属于违法所得？

但也有专家指出，现在盛行于坊间的受害者诉求（退还广告费）是完全没有法律依据的，媒体是不会担责的。从法律条文来看，很明显，那些之前为 e 租宝做广告的媒体没有义务承担连带赔偿责任，因为没有一家媒体为 e 租宝做过担保。根据法律条文，人民法院是不会支持由广告媒体承担赔偿责任的诉求的。

在 e 租宝事件上媒体到底有无责任，我们不得而知，但这类问题的出现正在向我们的政府敲响警钟，有关媒体责任的法律应该更为细化。

3 案例总结

3.1 案例评价

为什么"e 租宝"们能产生如此大的吸金魔力？这主要源自以下几点：一是金融体系结构不完善。广大群众因为对投资渠道的困惑，都希望找到一种投资快、成效大的投资模式，而很容易选择非法集资的方式获取较大的经济利益。二是存在着制度缺陷。非法集资在诞生、发展的过程中涉及多个环节和部门，但是相关行政主管部门却没有及时发现，或者发现之后没能采取有效措施加以监管，使其能侥幸存在。三是非法集资存在法律漏洞，导致对非法集资的打击处理可操作性不强，许多集资行为隐藏很大的社会危害性，但是现有的法律很难对其行为进行明确的非法认定，造成打击处理滞后，处置被动。本次 e 租宝事件暴露出了互联网金融行业自身在高速发展中存在的种种不合规问题，鉴于此，加强行业自律规范发展，坚守业务底线，合规经营、谨慎经营，无疑是本次事件给予互联网金融行业的警示。而e租宝事件的发生也给整个P2P行业敲响了警钟，李克强总理也在2017年政府工作报告中提出了要高度警惕互联网金融风险。

3.2 对案例中各参与主体的分析

（1）政府的主要责任，即角色定位，应该是加强对行业的监管，完善相关的法律法规，制定行业标准，保证互联网金融的健康快速发展是在一个良好的政策环境之下的。此事件的发生恰恰表明政府监管力度不足，没有明确的监管细则，最终使得整个行业发展无序，出现诸多"跑路"和非法集资事件。

（2）就互联网金融这一行业本身而言，由于没有一个明确的行业门槛，各种企业瞄准互联网金融行业的高效益蜂拥而至，最终行业乱象丛生。

（3）对于投资者，风险意识必不可少，任何一项投资都是有风险的，互联网金融实质上是金融，这就意味着具备金融所有高风险的特点，投资者不应只看到收益，而应明确了解收益与风险的比例。本案例中，也正是因为e租宝一开始标榜的高收益，以及传媒的大肆宣传，才有后面投资者的高额投资。（4）就媒体而言，e租宝的爆红少不了媒体的宣传报道，而媒体责任的架空也是酿造该案例的因素之一。

3.3 案例反思

互联网金融是随着互联网技术的出现而产生的一种新金融中介，其更有效率的信息生产和处理方式有效地降低了交易成本，扩大了金融服务的界限，优化了金融资源的配置。对待互联网金融，应该采取一种积极的态度，因为这是一种创新。也正因为如此，必须加强有效监管，为其发展奠定基础，以更好地为人类社会服务。任何事物的发展都要经历一段适应期，都要经受挫折的考验，e租宝事件的发生只是互联网金融发展路上的一段小波折。只有吸取教训，借鉴经验，才能走得更远，发展得更快更好。一言以蔽之，"e租宝"案仅仅是打击非法集资的起点。对此，应进行一次釜底抽薪的彻查，只有多措并举、重拳出击，才能有效震慑"e租宝"们。

思考题

1. 近年来，互联网金融为何频繁爆发非法集资和P2P平台"跑路"事件？

2. 政府在互联网金融行业的发展中应该起着领导与规范的作用，然而政府在应对类似e租宝事件的一系列问题时往往存在缺陷，这些缺陷是什么？其产生的原因是什么？

3. e 租宝事件的发生对政府现行监管模式提出了哪些挑战？

4. 可以说 e 租宝事件是一面镜子，它对互联网金融的发展有何警示？

5. 从政府、行业自身、投资者三方谈谈在互联网金融的监管及风险防范上应该怎么做。

案例教学手册

一、课前准备

在充分了解 e 租宝事件发展过程的基础上，制订明确合理的授课计划，根据相应步骤充实课堂素材。课堂讲义的草拟、幻灯片的制作、师生互动内容的准备等，都需要在授课前期完成。另外，需要提前告知学生本次课程主题，让学生在课前能够充分了解事件、评论事件、提出问题，有利于课堂中的积极讨论。

二、适用对象

公共管理类专业的相关学生、经济学等关联学科的学生，以及对此类事件较为感兴趣的个人或群体。

三、教学目标

1. 了解事件，分析问题

随着互联网金融的快速发展，非法集资、P2P 平台"跑路"等事件层出不穷，e 租宝事件是一个较为典型的例子，它的发生对互联网金融行业的未来发展是具有一定借鉴和警示意义的。

学习此案例，需要学生从政府、互联网金融行业、投资者和媒体四个方面着手，分析这些相关主体在此事件中扮演的角色，探讨互联网金融发展中政府存在的监管漏洞，最后总结 e 租宝事件发生的原因以及互联网金融发展的相关经验。

2. 培养学生采用多元思维方式，多角度看待问题

e 租宝事件很明显并不是由单一问题引起的，这类事件的出现是多个相关主体的不足共同导致的。这一案例在互联网金融的发展中给政府、行业本身、投资者和媒体都敲响了警钟。所以，通过对此案例的学习，学生能针对这类问题架构出一套全面的分析和解决框架。

同时，要培养学生采用多元思维方式，客观、冷静地看待此类事件的进展，引导学生主动站在多方角度去思考问题，全面了解事件的前因后果，形成自己的评

价，从而更好地指导实践。

四、要点分析

1. 案例中的几个关键词

互联网金融 、e 租宝、非法集资、监管、政府

2. 案例中的相关主体

政府监管部门、政府法律部门、互联网金融行业、投资者、媒体

3. 案例要点

（1）缺乏相应的监管法律法规。

完善的法律法规框架和机制，不仅能够为整个行业的发展提供规制和指导，同时也可以保证行业发展的稳定，减少行业发展过程中遇到的不确定的阻力。目前，我国 P2P 借贷平台，主要依据的是《中华人民共和国合同法》和《中华人民共和国公司法》的相关规定，但是其中并没有对其准入、业务发展、监管有明确的规定。这不仅造成了进入行业的 P2P 借贷平台良莠不齐，也导致各个平台之间为了竞争，经常采取一些不甚合理的手段，例如"秒标"等。如果任由其野蛮生长，而不加以监督和规范，必将在一定程度上影响现有金融体系的稳定，并造成一些难以解决的社会问题。

（2）P2P 借贷平台缺乏完善的进入退出机制。

目前，我国的 P2P 借贷平台大部分均注册为投资咨询类有限责任公司和电子商务类有限责任公司。相较于小额贷款公司对从业人员和注册资本的限制，其所受的监管要宽松得多，这就给很多希望建立小额贷款公司，但是没有足够资金和资质的人以可乘之机，可以以很低的注册资本成立 P2P 借贷平台，然后行小额贷款公司之实。另外，很多以诈骗为目的的人也掺杂其中，妄想利用 P2P 借贷平台这个新兴的平台进行诈骗。这就在一定程度上造成了 P2P 网络信贷行业的良莠不齐，急需一个准入的限制。

缺乏相应的退出机制，也使一些 P2P 借贷平台在运营上出现问题，或是利润减少、经营困难时，缺乏可以借鉴的处理机制。在一定程度上，这也是很多 P2P 借贷平台在发生经营困难后，卷款潜逃的一个原因——没有相应的指引和范例以供参考。而一旦 P2P 借贷平台发生倒闭，就会使贷款人与借款人失去交流联系的中介，借款人无法继续还款，贷款人也无从获得本息。更有甚者，一些 P2P 借贷平台的经营者，虚构借款人，然后引诱贷款人进行借贷。尔后，故意造成平台倒闭，

以极低的折扣收购贷款人手中的债权，从中获得不菲的收益。

（3）严重的信息不对称问题。

金融是以信用为基础的资金融通，信用的前提是市场参与者具有相对完备的信息。从理论上讲，金融机构所拥有的信息优势是金融消费者无法比拟的，金融消费者很难获得金融机构在产品创新、产品定价和风险控制等方面的完备信息，尤其是当金融机构为了自身利益，延迟或拒绝披露相关信息时。

在以往的操作中，金融平台通过什么渠道披露信息、披露哪些方面的信息，缺乏统一、规范的标准。制定金融平台信息披露细则，是解决互联网金融信息不对称问题的一个势在必行的措施。

（4）投资者的维权问题。

e租宝一年半内非法吸收资金500多亿元人民币，涉及中国31个省市区，给投资者造成的损失巨大。目前，e租宝的投资者如何合法有效地维权，最大限度地挽回自己的损失，是大家最为关心的。P2P"跑路"后，投资者需要的不仅仅是将公司老板追回来，送进监狱，更重要的是追回投资款，挽回自己的损失。

如果投资人或借款人在投资或借款之前没有真正意义上的法律担保，会带来极大的风险。近年来网贷平台的运营情况足以说明，一个优质的、真实可靠的、禁得起调查的平台才是可以考虑进行借款或投资的平台。就目前e租宝案件而言，其实际控制人名下的资产不足以偿还投资人的本金。所以我们应当以事前防范为主、事后救济为辅，建议引入专业团队，共同防范此类金融风险。

针对e租宝案件已经发生的损失，从法律的角度维权主要涉及民事维权和刑事维权。投资者可以向公安机关及法院寻求法律救济，减少自己的损失。e租宝案件，所涉及的受害者范围广，损失重。损失已经造成的情况下，正确地运用维权手段至关重要。

（5）媒体的担责问题。

虽然目前没有明确的法律规定媒体对所播放的虚假广告应承担相应的责任，抑或是要将广告收益退还给受害者，但我们也必须承认媒体对事件进一步扩大发酵起了很大的作用，因此，媒体自身应该承担相应的社会责任。传媒行业应规范相关行业规则，在发布广告前应该认真对其广告产品、产品企业等一系列相关内容进行审核，确保宣传内容的真实性。

4. 案例相关思考

（1）如何约束"e租宝"们疯狂的非法集资行为？

第一，完善相应的法律法规，推动相关"立改废"工作，研究建立防范打击非法集资的相关约束机制，这是提高打击非法集资有效性的关键。第二，强化非法集资犯罪预警机制，不能再让"e租宝"这种空手套白狼式的游戏继续重演，要充分利用互联网、大数据技术，强化对非法集资的监测预警，加强政府各相关部门之间的信息互通、资源共享。第三，要建立健全长效机制。既要堵歪门邪道，又要拓宽合法投资、融资渠道，建立"疏堵并举、防治结合"的综合长效治理机制。第四，要增强群众的自我防范意识。近年来，一些非法集资案容易得逞，很大程度上是由于投资者防范意识淡薄、警惕性不强，上了当还浑然不觉。

（2）如何促进互联网金融规范发展？

首先是强化互联网金融监管。互联网金融是新兴的金融模式，现有的金融监管体系尚无法完全覆盖，存在一定的监管缺位，因此，必须尽快完善互联网金融的监管机制，既充分包容创新，又确保监管到位。一是要明确互联网金融的监管主体。建议结合互联网金融发展的新情况，重新梳理各类互联网金融企业的业务范围，在此基础上，规范互联网金融企业，发挥互联网金融业监管部门的主体作用。二是要强调互联网金融非现场监管。随着互联网金融的深化，以及金融交易虚拟化，交易对象变得难以明确，同时交易时间缩短、交易频率加大，使得现场检查很难有用武之地。因此，必须重视非现场技术在互联网金融监管中的广泛运用。三是要建立互联网金融风险监测和预警机制。考虑到互联网金融行业具有技术相对密集、参与人员众多、跨区域发展等特点，一旦陷入非法集资，可能会引发事关稳定的社会问题，所以应当加强对该行业的研究和监测，形成一定的预警机制，并制定好应急处理预案。

其次是重视互联网金融消费者保护。互联网金融的便利性使得人人都可以成为互联网金融消费者，但是金融交易内在的复杂多样和专业性仍然存在。再与高技术的互联网行业结合在一起，金融消费者准确理解和掌握互联网金融产品及服务的难度在加大，使得交易安全、个人信息泄露、资金亏损等风险也日益暴露。消费者的能力是有限的，没有经过合格的培训，没有足够的认知能力，对产品了解不够全面，就很容易上当受骗，因此，要更加重视金融消费者权益保护，提升互联网金融消费者的风险意识和自我保护能力。

最后是尽快成立中国互联网金融协会，强化行业自律管理。现在互联网金融发展太快，如果由行业协会来管，可以实现综合性经营和综合性监管，更有利于该行业的发展。

五、课堂安排

1. 案例回顾

运用大约 20 分钟时间进行 e 租宝事件案例回顾，在回顾过程中充分运用计算机辅助手段，用视频播放器播放相关新闻报道。

2. 案例设问

在案例回顾结束后向学员提出 3~5 个相关问题，带着这些问题去阅读案例材料，更有利于学生掌握和理解材料。

3. 案例讨论（第一次）

案例设问后，引导学员进行大约 15 分钟的课堂讨论。课堂讨论可以利用小组讨论的形式，小组人数根据班级人数的具体情况而定，由不同的组回答不同的问题，各小组推举一名发言人陈述讨论结果，所有小组回答完毕后各小组进行共同讨论，此时进入案例讨论的辩论环节，各小组可对其他小组所回答的内容进行提问和反驳。

4. 教师点评（第一次）

教师对各小组回答问题的情况及辩论环节相关论点进行综合分析点评，指出学生在问题分析中的亮点以及盲点。

5. 案例深化

教师对本案例进行深化，向学员提出 2~3 个案例深层问题。

6. 案例讨论（第二次）

案例设问后，引导学员进行第二次课堂讨论，此次课堂讨论不分组，自由讨论，讨论结束后如有争论，继续进行辩论环节。

7. 教师点评（第二次）

教师对学员回答问题的情况及辩论环节相关论点进行分析点评。

8. 教师总结

教师对 e 租宝事件所反映的要点进行全面总结，并向学员提出今后学习的相关建议。

六、其他教学支持

1. 计算机支持

教学需安排在多媒体教室，计算机要装有 Microsoft Office 软件，Word、Excel

和 PPT 都能运用。

2. 视听辅助手段

教学过程中使用影音播放器。影音播放器支持本地播放与在线视频点播，其在案例教学中的使用让学员获得了充分的案例视听资料。

轻松筹能否实现轻松管?

——政府对网络募捐监管的案例分析

摘要: 2014 年,微信朋友圈被一种新的慈善方式"刷屏"了——轻松筹。"轻松筹"作为一种众筹平台,是借助集群效益来达到善款"积流成河"的目的。因其与传统的募捐形式有着无可比拟的优势,越来越多的普通百姓加入这样一项日常公益。但在网络募捐发展得如火如荼之时,频频爆出"诈捐"事件,求助者拿着善款肆意挥霍却无人能管。由于其门槛低、平台管理不成熟、政府监管不到位等局限,轻松筹秒变"轻松骗"。网络募捐的兴起也从侧面反映出我国目前对慈善事业监管不力导致公众的不信任。发展网络募捐,开拓传统募捐新渠道,使互联网与慈善事业真正实现跨界融合,成为目前应对这种信任危机的出路。

关键词: 网络募捐 诈捐 轻松筹 政府监管

2016 年 11 月 25 日,一篇名为《罗一笑,你给我站住》的文章开始风靡微信朋友圈,文章作者为深圳市作家罗尔,其女罗一笑因得白血病急需大笔治疗费用,罗尔在有公益基金提出为孩子发起筹款的情况下,选择卖文的形式为女儿筹集善款。据了解,此文每转发一次,深圳市小铜人公司向罗尔定向捐赠 1 元;保底捐赠 2 万元,上限 50 万元。

2016 年 11 月 29 日,有网友报料称:"关于《罗一笑,你给我站住》一文,与作者罗尔同在《深圳女报》的朋友揭发了真相,此事有人在背后做营销。"文章指出罗尔本人名下有三套房产,其女为其婚姻中的第三者所生。一时间,网友唏嘘不已,网络上又刮起一阵谴责罗尔诈捐的风波。

2016 年 12 月 1 日,罗尔发布了一份《关于罗一笑事件的申明》,声明中称因"罗一笑事件"传播远超预期,带来不好的社会影响,"作为当事人,在此深表歉意",并承诺将《罗一笑,你给我站住》一文的全部赞赏资金、2016 年 11 月 30 日网友对其微信公众账号当日全天所有文章的赞赏资金原路退回至网友,经核算,共计2 525 808.99元。

从起初获得千万网友的怜悯到最终被谴责,只经历了短短不到一个星期的时间。网络募捐一方面能够扩大募捐传播范围而让更多的陌生人加入这样一项公益活动,另一方面却又无法避免由于网友难以判断事件的真伪而被"骗捐"。因此,如何管理网络募捐，让爱心真正流向需要的地方，成为罗一笑事件后我们应该深思的问题。

1 案例前言

1.1 网络募捐背景

2015 年 2 月 9 日，中国互联网络信息中心发布的第 35 次《中国互联网络发展状况统计报告》显示，截至 2014 年 12 月，中国网民规模达 6.49 亿，全年新增网民 3 117 万人；互联网普及率为 47.9%，较 2013 年年底提升 2.1 个百分点。① 这种爆发式的增长对传统的各行各业都产生了巨大的影响。互联网金融、互联网商品充斥着人们生活的方方面面。与此同时，慈善行业也在互联网的风起云涌中一步步地发生着变化，随之诞生的就是网络公益事业。其中最具有广泛性与代表性的就是网络募捐。一般情况下，由政府认可的公益性团体（例如红十字会）才可以进行募集善款的行为，但这种募捐方式受到时间、空间的严重限制。互联网的普及与发展，打破了这种屏障，让更广泛的网友能够及时、有效地获取求助信息，同时由于网络门槛不高、传播迅速、高效且方便，网络公民纷纷避开手续繁杂的传统慈善组织，在互联网上自己开展筹款捐款活动。当今，网络募捐已成为民间慈善活动的重要方式。

从对象上看，网络募捐属于社会救助的范畴。社会救助是以反贫困为主旨，保障弱势群体基本生存权的社会保障制度。它主要包括政府救助和慈善救助。政府救助是以国家机构为责任主体的社会救助；慈善救助是民间组织形式的社会救助，是指社会公众在自愿的基础上，通过一定的组织向需要援助的群体提供无偿援助的社会化行为。从实现方式上看，网络募捐属于公民个人的慈善行为。慈善活动有三种实现方式，即慈善组织、慈善项目和公民个人的慈善行为②，网络募捐的发起者在大多数情况下没有加入统一的官方慈善组织，也不涉及国家审批的某个社会救助项目，其慈善行为只是网络热心人的一种自发的、群带的个人慈善行为。

1.2 网络募捐的特性与利弊分析

网络募捐，是指由个人或组织出于自身的某种需求，为了达到救助的目的，通过互联网这一媒介，向公众发出倡议，网民根据网络上的求助信息，利用第三方网

① 中国互联网络信息中心：《第 35 次中国互联网络发展状况统计报告》，2015 年。
② 范斌：《论当代中国民间慈善活动的三种实现方式》，《华东理工大学学报（社会科学版）》2005 年第 4 期。

络募捐平台自愿地向需要帮助的人提供捐助的一种慈善募集捐助行为。网络募捐的主体包括发起者、捐赠者、第三方平台。发起者（包括网民、企业和慈善组织），主要通过第三方公益平台发布求助信息，通过微博、微信等社交软件进行传播。有捐赠意向的个人或组织获得信息后，登录相关的网络募捐平台（包括新浪微公益、腾讯公益、E公益平台等）进行在线的捐赠和支付。根据所得善款数额，网络募捐平台进行善款的管理，在收取部分手续费后将善款交给求助者。在这个过程中，网络募捐平台是网络募捐的重要主体。我国现有的网络募捐平台一般由网站、第三方支付企业和公益机构如基金会等联合建立，负责款项的募集、管理以及相关信息的披露、公开。①

网络募捐与传统募捐一样，都具有无偿性、自愿性、公益性等慈善事业的共性，但由于网络募捐加入了新的媒介——网络，出现了与传统意义上的募捐不同的特征。

第一，传播的及时性与广泛性。与传统募捐相比，网络募捐是在网上发起、实施的，具有极强的时效性。求助信息在极短时间之内就能够得到广泛传播。全国甚至全世界的人们只要通过网络就能够迅速获知募捐信息，网络募捐发起者的呼声可以在很短的时间内传遍世界每一个角落，看到求助信息的任何人都有可能成为相应的捐赠者。

第二，发起者的偶然性。网络募捐的发起者并不单纯是传统意义上的贫困者，还可能是为了实现自己的创业项目、为了得到广泛关注而发起捐款的。因此，任何一个网民都可能成为募捐项目的发起者，目前我国对于网络募捐发起主体缺乏相应的规范，在一定程度上也导致了网络募捐发起的随意性，这成为我国网络募捐监管领域的主要问题之一。

第三，虚拟性。网络募捐与传统募捐行为相比，在组织形式上最大的特征就是利用网络这一媒介。网络具有虚拟的一面，没有人知道各种形形色色的ID背后隐藏的是一个什么样的人，这就决定了网络募捐具有网络世界的隐蔽性与不确定性，也就必然导致人们对网络上出现的求助信息真假难辨的困扰。而对网络信息的真假识别又不是单凭某个人的力量所能完成的，这就给了非法分子可乘之机。

结合上述特征，我们可以总结出：网络募捐的出现给公益事业带来了新的发展与突破，但也隐藏着种种弊端。

互联网传播的快速性与广泛性为个人求助带来了巨大的便利。2016年7月7日下午，《贵州都市报》记者赵禾稼在朋友圈上传了一组照片，在照片下方她沉痛地写道："为什么有的孩子生来就是为了受苦。"这组照片迅速在贵阳市民的朋友圈里流传开来，照片的主角是一个躺在病床上的大眼睛女孩，而她迅速获得的关注

---

① 王藐：《我国网络募捐治理初探》，吉林大学硕士学位论文，2015年。

并非源自她的纯真可爱，而是因为在其中一张照片里，她的双腿全部被烧焦，呈现出黑乎乎的一片。小女孩名叫杨梦佳，刚满1岁8个月，活泼好动的她有双美丽的大眼睛，本应快乐地享受童年的她，却因烧伤躺在贵州医科大学附属医院的儿科重症监护室内。就在赵禾稼在朋友圈发出照片的时候，杨梦佳的父亲杨通旭还欠医院3.7万元治疗费，靠打工为生的他正在为巨额的医药费焦头烂额。在一切陷入僵局的时候，赵禾稼的朋友圈引发了大量关注，无数人打电话来询问如何捐款以及小梦佳父亲的银行账号，考虑到捐到私人账户金额不可控且不够公开透明，她为杨通旭推荐了目前最为流行的网络筹款方式"轻松筹"，这个平台可以针对大病救助发起众筹，通过社交圈进行转发，所有筹款信息都是公开透明的。在赵禾稼的帮助下，他们在轻松筹微爱通道板块发起了大病救助项目，说明了小梦佳的情况以及所有手续。经过和医生商量，抉择再三，赵禾稼在目标金额栏填下15万元，而这仅仅是小梦佳所需要的最基本的医疗费用。7月7日晚19点50分，这个项目通过了轻松筹平台的严格审核，正式开始筹款，也是从这一刻开始，让赵禾稼和杨通旭都无法想象的奇迹发生了。截至当天晚上22点30分，短短不到3个小时内，对于他们来说天价般的金额居然已经达成。在网络留言和周边人的建议下，项目的目标金额增加到医生建议的30万元，奇迹再次发生，短短1个小时之内目标金额再次达成。截至2016年7月8日16时30分，轻松筹上关于小梦佳的项目链接在微信朋友圈、微博等被转发6000多次，总共筹得爱心善款40.53万元。①

但是，由于网络的虚拟性与未知性，很难对互联网上成千上万条信息的真实性进行辨别，这也导致了在网络募捐中存在着求助信息不实或资金去向不明的问题，网络诈捐事件频发。2016年3月26日，知名艺人李小璐转发了一个名为"希望盼望宝贝康复"的微博，该博主晒出一名2岁宝宝在医院的照片及诊断报告，求助称"需要几十万的治疗费用"。李小璐转发该微博，并表示将爱心善款打到了对方的支付宝账号上，同时呼吁网友伸出援手。谁料，1个小时后，李小璐向该博主求问电话号码，以方便大家了解患病儿童的恢复情况，但对方再无回应，还删除了求助微博。李小璐随后发布微博，认为自己遭遇了骗子，爱心捐款可能落入了骗子之手。经核实，"希望盼望宝宝康复"所发布的内容在现实中是四川德阳市民苗女士的遭遇。苗女士万万没想到，自己宝宝生重病这件事，竟然被人用来骗捐。在得知李小璐的遭遇后，苗女士在微博上"@李小璐"说明真相，并向警方报案。2016年4月8日上午，莆田市公安局、荔城公安分局在西天尾镇成功抓获涉嫌电信网络诈骗的犯罪嫌疑人郭某生，从中查获系列电信网络诈骗案300余起，其中知名艺人李小璐被诈捐案亦宣布告破。莆田警方初步查明，2011年始，郭某生开通多个银

① 《轻松筹4小时爱心接力，拯救贵州大眼睛女孩》，中国经济网，http://cz.ce.cn/xwzx/201607/12/t20160712_4045539.shtml，2016年7月12日。

行账号，并通过微博平台以爱心捐款名义诈钱骗财。截至案发日，仅其中一个账号即非法获利 3 万余元，受骗人员达 300 多人。①

2 轻松筹项目发展情况探析

2.1 轻松筹项目的兴起与发展

"轻松筹"于 2014 年 9 月 19 日成立，是一款通过朋友圈实现好友互助的服务平台，它的经营范围为"众筹"。② 轻松筹是中国最具影响力的、基于社交圈的众筹平台。轻松筹上的项目大多聚焦在用户的日常生活领域，如一次私房菜的分享、一次说走就走的旅行、一场梦想中的画展等。这些众筹项目大多只是发起人的小愿望，支持者的支持金额通常较小，不会对支持者的生活带来很大的影响，容易得到朋友间的反馈和支持，所以也容易召集大家参与。轻松筹这个平台上，不但聚集着众多需要帮助的人，还聚集着众多年轻的、富有创新精神的、有情怀的创业者，正因为其涉及的项目与生活密切相关，所以轻松筹适合在微信等具有社交属性的平台上进行传播。在轻松筹，提供尝鲜预售（农鲜产品、私房菜等）、梦想清单（影视图书、艺术设计等）、微爱通道三大频道，共 30 多万个项目，为平台 4000 多万的注册用户提供个性化定制产品和服务。

2014 年 12 月，轻松筹宣布获得 IDG 数百万美元的 A 轮投资。2016 年 6 月，轻松筹完成近 2000 万美元 B+轮融资，这轮融资由腾讯、IDG、德同资本以及同道资本共同投资，轻松筹估值 3.5 亿美元。

2016 年 7 月中旬民政部下发《民政部办公厅关于遴选慈善组织互联网公开募捐信息平台的通知》，共有 47 家平台递交了慈善组织互联网公开募捐平台申报材料。8 月 20 日，组织有关专家对通过形式审查的 29 家互联网募捐信息平台进行了评审。各参评平台在答辩中分别作出了"不代为接受慈善捐赠财产"等承诺及陈述，相关新闻媒体、慈善组织派人进行了现场观摩与全程监督。由全国"两会"代表、公益慈善专家、互联网专家、慈善组织代表、新闻媒体代表、捐赠人代表共 20 人组成的评审委员会，依据统一评审标准，进行了评分（去除最高分和最低分后求和再平均）与合议。按得分由高到低排序，评审委员会确定了入围首批慈善组织互联网募捐信息平台的名单，共有 13 家。8 月 22 日公布了该项名单，其中轻松筹、腾讯公益等多个知名众筹平台榜上有名。

---

① 《艺人李小璐被诈捐案告破，嫌疑人被抓》，新浪娱乐，http://ent.sina.com.cn/s/m/2016-04-09/doc-ifxrcizs7092856.shtml，2016 年 4 月 9 日。

② 程桔华：《轻松筹：有梦想你就大胆地"说"出来》，《中关村》2015 年第 8 期。

2016 年 9 月 22 日，备受瞩目的 2016 年腾讯全球合作伙伴大会在福州召开。在当晚举办的"开放之夜"颁奖典礼上，多年来备受创业者关注的年度"腾飞奖"榜单正式公布，全民众筹平台"轻松筹"凭借良好的发展势头荣获"2016 众创新星奖"。这一奖项的获得表明了行业与用户对轻松筹的认可与喜爱。目前，轻松筹的注册用户已超过 2 亿，筹款项目超过 253 万个。

2.2 轻松筹的运营模式

以轻松筹中的微爱频道为例，由求助人自行发起，只需简单的四个步骤。第一步，点击底部"发起"；第二步，选择"微爱通道"—"大病救助"，进入发起项目信息填写页面；第三步，填写验证信息，点击"下一步"；第四步，微爱通道"大病救助"项目，必须通过项目验证方可提现。①

一个项目发起后，轻松筹平台会对求助者个人信息的真实性进行调查，须经过网站工作人员审核后才能发布，且网站对提交筹资审核的项目是否拥有上线资格具有最终决定权（具备筹资上线资格项目的上线时间由项目发起人自行决定）。公益项目（如医疗援助）选择"微爱通道"模板进行发起，选择其他模版发起将予以下线处理；发起方为组织机构，需要提交机构资质证照；发起人为个人，需要提交身份信息。医疗援助项目，须上传相关图片，包括受助人身份信息，带有医院公章的医院诊断证明；项目结束后提现的账号必须是受助人本人或其直系亲属的账号。轻松筹还专门设置了举报机制和 130 人的审核团队，一旦有求助项目被举报，审核人员会第一时间向求助人及其主治医师核实情况。若项目不属实，善款将全部退回，若项目属实但举报人仍对项目存疑，可申请退款。项目发起后，轻松筹平台将收取 2% 的手续费。

2.3 轻松筹项目成功的原因

轻松筹在上线短短两年之内获得了巨额的融资，具有广泛的认知度与参与度，主要有以下原因：

第一，将公益常态化。随着人民生活水平的提高与素质的提升，越来越多的公众开始关注公益事业，想向社会回报自己的绵薄之力。但是由于近几年来，传统的公益组织、公益活动频繁出现闹剧（郭美美事件），削弱了官办公益的权威性，公众对"红十字会"等官方组织产生了质疑，对公益活动也存观望态度。"轻松筹"的诞生顺应大众公益思维的转变，做好平民化的众筹，让更多的民众感觉到公益活动触手可及。传统公益活动与新媒体结合之初，就受到了大众的关注，而当微信成

---

① 《如何发起微爱频道"大病救助"项目》，轻松筹，http：//www.qschou.com/page/pcHelp/detail/161，2018 年 3 月 11 日。

为国内使用率最高的社交软件时，大众对于微信公益已逐渐认可，人人公益的理念深入人心。无论从发起者还是捐助者来说，轻松筹这一平台将传统的慈善行为变得方便、快捷。

第二，将公益化零为整。通过轻松筹众多项目我们可以发现，捐助者一般用微信零钱进行支付，从 5 元、10 元至上百、上千元不等。捐助的金额不受到任何限制且可进行匿名捐赠。项目通过在网站、贴吧以及朋友圈的分享，让更多的人知道求助信息。捐助者将不等的零钱捐助出去，通过一传十、十传百，汇集在一起就形成一个庞大的数字，可避免由于个人能力有限而羞于捐赠的情况。在轻松筹的众筹活动中，大众通过微信零钱支付，便不会有现实中捐赠的犹豫，这种零钱花费的心理，成了公益众筹款项来源的主要因素。

第三，将公益亲民化。轻松筹最常见的传播方式是基于微信平台传播，微信朋友圈的传播模式可以说是"轻松筹"最大的成功因素。首先，朋友圈是熟人交际网络，而公益活动本身是一项非营利的活动，因此在劝服受众捐赠的过程中，相比于陌生人，人们会更加信任熟人的分享，熟人交际圈增加了确定的因素，也加大了捐助的可能性。一个众筹活动的传播是从自己传到朋友，再从朋友传到朋友的朋友这样一种放射传播。根据"六度分割"现象，其波及范围会达到无法想象的广度。

3　轻松筹项目的政府监管分析

3.1　《慈善法》来了，轻松筹还能走多远？

由于轻松筹等众筹平台存在着诈捐以及资金流向不明等问题，部分公众对其存在及发展存疑，希望政府能够出台相关政策法规来出面整改与管理，让人们更加放心地参与公益活动。2016 年 9 月 1 日，具有里程碑意义的《中华人民共和国慈善法》（以下简称《慈善法》）开始实施，标志着我国慈善事业进入了有法可依的崭新篇章。与此同时，民政部指定的首批慈善组织互联网募捐信息平台名单终于出炉，轻松筹、腾讯公益网络募捐平台、蚂蚁金服公益平台等 13 家平台最终确认入围。相关法律条例的内容，在网络上引起了大众的广泛讨论。《慈善法》中明确禁止没有公开募捐资格的个人和组织开展公开募捐。看到这里，许多人担心《慈善法》施行之后，以轻松筹为代表的个人救助平台将不能再使用。事实上，这种担心混淆了"慈善募捐"与"个人求助"的概念。

作为基于社交的全民众筹平台，轻松筹"微爱通道"板块下的"大病救助"一直备受关注。实际上，轻松筹所有医疗救助项目的发起人均为个人，其目的是给自己或直系亲属治病，且信息只能在朋友圈内传播，属于"个人求助"行为。"个人求助"与"慈善募捐"在定义、主体、目的、法律关系和剩余财产处理等各方面都存在明显不同。《慈善法》禁止的是不具有公开募捐资格的个人和组织进行慈善募捐,而轻松筹上的"个人求助"不属于慈善活动,不受《慈善法》调整。而其他的慈善募捐,根据民政部下发的《民政部办公厅关于遴选慈善组织互联网公开募捐信息平台的通知》,轻松筹具有发布慈善公开募捐信息的资格。也就是说《慈善法》的到来并不会导致轻松筹走向灭亡。

正如北京师范大学中国公益研究院慈善法律中心执行主任黎颖露所说,如果是为了救助本人或者近亲属在网络上发布求助信息,应该认定为个人求助行为,法律不禁止。① 可以说,首批互联网募捐信息平台的认证,是互联网思维与公益慈善的有机结合,也是官方对互联网救助平台的认可,更是契合当前社会现状和大众需求的智举。相信在《慈善法》的指引下,无论是传统慈善组织,还是新型互联网募捐信息平台,都将进一步规范自我,共同营造"人人向善"的良好氛围。

3.2 轻松筹,支持还是反对?

从 2014 年上线至今,轻松筹等众多众筹平台的合法性遭到质疑,如此一种新的慈善行为是该提倡还是摒弃,各方争议不断。

2016 年 5 月 20 日起,网友"午后狂睡_Silent"在微博上连续发表《轻松筹?另类发家致富手段》系列文章,质疑在轻松筹网络平台上筹钱的病人往往夸大治疗费用,筹款的目标金额可以随意更改,病人在拿到善款后用途不明,且平台在每笔善款中抽取 2%的手续费。"午后狂睡_Silent"在接受媒体采访时表示,部分在轻松筹上筹钱的病人实际是在利用人们的同情心"卖惨骗捐"。这不是轻松筹第一次受到质疑。这家在 2014 年年底由北京轻松筹网络科技有限公司推出的网络众筹平台,从开始做医疗个人救助起就受到过公众质疑,其是否具有公开募捐资质,对于求助者信息的审核、对于所筹善款的管理、对于善款使用的后续监管等问题备受关注。

北京轻松筹网络科技有限公司副总裁于亮在接受《中国青年报》记者采访时说,起初开发轻松筹的主要目的是为在朋友圈转发的众筹项目提供一个标准化的展示页面,更方便转发,对于捐款也有一个透明的展示,上面有筹款人的项目介绍、目标金额和已筹集金额、捐款人的名字以及捐款数额。随着众筹项目的增多,轻松筹开发了自己的客户端,不再完全借助微信传播。打开轻松筹客户端,有"微爱通道"这一专门服务于大病救助项目的选项。与其他项目不同,在"微爱通道"筹款治病的项目均不允许公开展示,只能在朋友圈内传播。于亮告诉记者,轻松筹上所有医疗救助项目的发起人均为个人,其目的是为了给自己或直系亲属治病,且

① 《〈慈善法〉来了,轻松筹个人救助有法可依》,比特网,www. news. chinabyte. con/310/13879810. shtml,2016 年 9 月 11 日。

信息只能在朋友圈内传播，属于个人求助行为。

中国劳动关系学院教授杨思斌表示，个人求助这种"法律不禁止、《慈善法》不调整"的行为，特别是通过网络进行的个人求助，如何规范确实值得关注。杨思斌教授介绍说，《慈善法》规定的慈善募捐是以慈善组织为主体，为了慈善目的开展的财产募集活动，轻松筹进行的这种行为可以看作民法意义上的赠予行为，但是民法的基本原则中有一条是诚实信用，双方的赠予、接受行为必须为双方真实的意思，"也就是说，捐钱给你是救急救难的，如果善款没有用于这个目的，其赠予合同是违反诚实信用原则的"①。杨思斌同时表示，如果轻松筹发起人编造身份或求助信息，可以依据《中华人民共和国治安管理处罚法》和《中华人民共和国刑法》追究行政和刑事责任。

3.3　监管空白亟待填补

个人救助不受到《慈善法》的制约，政府对此类网络慈善募捐的监管单凭《慈善法》的相关规定还是不够的，其监管处于空白阶段，仍然值得关注。

首先，对主体资格的监管不完善。2016年7月中旬民政部下发《民政部办公厅关于遴选慈善组织互联网公开募捐信息平台的通知》，轻松筹在内的13家信息平台入围，在民政部网站上我们可以看到对于遴选要求只有短短的5条内容。在此次遴选过程中我们可以发现，对于主体资格的要求并没有一个量化的标准。同时，对主体资格日后的监管也存在漏洞，已选上的平台如出现失误能否继续拥有网络募捐的资格，后期发展较好的平台能否申请入选，这些目前的通知都未涉及。对网络募捐进行监管的重要内容之一就是对网络募捐的发起人资格进行规制，目前我国相关法律规范的空白，正是暴露了网络募捐监管中的盲点。

其次，可信度考量机制缺失。互联网最大的特点就是具有虚拟性，在网络面具的后面，谁也不知道隐藏的是一个什么样的人物。例如在互联网上乐于助人、惩恶除强的网络"大V"薛蛮子，现实生活中却是涉及嫖娼及聚众淫乱的不法分子。因此，网络中大量存在的信息在某种程度上来说是不可靠的。网络募捐的载体是网络，网络募捐相关信息得不到核实，真实性受到质疑，是进行和发展网络募捐的重大隐患。只有保障网络募捐信息的真实性，保障捐赠者的知情权，才能让网络诈骗没有可乘之机；也只有保障网络募捐信息的真实性，才能保障发起人的合法权益，才能保障网络募捐的有序发展。如果不对网络环境的信息进行甄别，就会助长不法分子的气焰，捐助者受到欺骗后，对真实的求助信息也会采取观望态度，使得捐助者与求助者之间不能够形成一条通畅的道路，也可能使真正需要帮助的人由于网友

---

① 王亦君：《网络筹款灰色地带谁来监管》，新华网，http：//news.xinhuanet.com/gongyi/2016-05/30/c_129026771.htm，2016年5月30日。

质疑声的泛滥而受到精神压力，甚至可能使网络募捐演变成公共事件，影响社会生活的和谐稳定。① 网络募捐相关信息的可信度考量缺位，主要体现在对平台以及求助者两个方面。这导致相关信息的真实性没有专门的机构和人员进行甄别、取证。因此，加强对网络募捐的监管，一个重要的切入点就是要建立一套完整的、合理的、有效的评估机制，建立信用资格认证制度，加大社会监管力度，进一步规范慈善行为，并在慈善活动参与者的互动过程中逐渐地约定俗成。②

最后，对资金链条监管不当。北京轻松筹网络科技有限公司副总裁于亮在媒体采访中提到，轻松筹上所有医疗救助项目的发起人均为个人，其目的是为了给自己或直系亲属治病，且信息只能在朋友圈内传播，属于个人求助行为，个人求助不在《慈善法》规制范围内。而发起人在接受善款后，究竟把善款用到了何处，病人此后是否有医保报销，无论是平台还是政府目前在监管上都是空白。在轻松筹发起捐助的个人或组织一般都是出于自身或组织困难，因此所捐的资金也必定是针对特定的对象，这就决定了网络募捐的所得善款要专款专用。然而，如何保证网络募捐的善款专款专用，以及如何对捐助者在资金详细流向方面有一个交代，保证资金能够及时准确地到达求助者手中，这些问题在当下的网络募捐监管体系下还尚未涉及。未能对资金链条进行有效管理与追踪，也成为诈捐产生的主要原因。

3.4　美国网络募捐经验借鉴

美国的慈善事业发展较早，其监管体系也是比较完善的。具有完善服务体系的基金会、专业慈善评级机构使得美国的慈善事业能够得到蓬勃发展。其"小政府，大社会"的模式也在慈善事业的监管上体现，鼓励民间慈善的发展。美国对慈善事业的法律监管大体分为政府监管、慈善机构自我监督、社会监督三个方面。首先，政府监管的一个重要的监管方式是"公开原则"，由美国政府向社会公开公益性非营利组织的财务税收状况。根据其联邦法律规定，任何人有权要求查看非政府组织的原始申请文件及前三年的税表，也可以通过国税局了解慈善组织的财务状况和内部结构。③ 其次，美国的企业都注重自律，美国的慈善组织内部自发联合，组成各种全国性机构，这些机构进行信息交流、公共政策研究及增进组织的公开度和透明度等活动。最后，社会监督主要包括社会舆论、民间评估机构及公民个人监督等。

对于互联网与慈善事业的结合，美国也存在相应的对策对网络募捐进行监管。首先，制定相关法律承认其合法性。美国的慈善事业监管者表示他们将重新对现行

①　李程：《网络募捐行政监管初探》，中国政法大学硕士学位论文，2011年。
②　柯凤华：《网络募捐的规范化研究》，暨南大学硕士学位论文，2008年。
③　金锦萍：《非营利法人治理结构研究》，北京大学出版社2005年版。

国家法律进行解释，赋予新的含义以适应网络募捐的特点。国家应该（也可以）将其现行的关于救助的法律应用于网络募捐以及利用网络进行募捐的人们，以保护他们的合法利益。同时，把网络虚拟财产的保护问题提上立法议程。① 其次，要求网络募捐进行登记。其将网络募捐与救助法律相关联，认为网络募捐与救助一样需要进行登记以便监管。早在 1995 年，马萨诸塞州、康涅狄格州、宾夕法尼亚州的州政府对网络募捐采取了这样的态度，即认为在线募捐包含在它们各自的关于救助的法律定义中，因此其自然需要登记。南卡罗来纳州、佛罗里达州以及宾夕法尼亚州在 1996 年就对未进行登记却进行了网络救助的一些非营利组织进行了追补登记及进一步的规范。最后，设置专门的监管部门。要求美国全国慈善信息署（NCIB）对网络求助实践进行监管。该机构作为美国民办的最大的公益组织评估机构，其主要的职责是对慈善机构的非营利性进行评估，帮助捐款人更好地掌握信息，使他们更明智地捐款。NCIB 不是要建议人们向任何特定的慈善组织捐助，而是鼓励捐助者自己去熟悉 NCIB 的标准，然后判定某个组织是遵守还是违背这些标准。NCIB 出版的信息和分析材料旨在帮助捐助者在知情的情况下做出决策，而并非用于赞扬或贬损某个别慈善组织。② 因此这种监管能够有效地诱导公众去选择合适的捐助平台，实现优胜劣汰。

4 案例评价

网络募捐的发展伴随着"互联网+"行业而兴起，这一新的经济形态，让互联网在慈善行业的资源配置上发挥优化及集成作用，是增强行业动力的有效手段。要想实现互联网与慈善事业真正的跨界融合，变革传统的慈善模式，必须加强政府的各项监管，尽可能避免由互联网弊端所造成的问题蔓延至慈善事业。同时，诈捐案件肆起，也暴露了政府在这一方面监管的缺失。及时对网络募捐作出反应，制定相应的法律制度来规范，让网络募捐也能在"阳光下运营"，实现信息的有效及时披露，才能让网民更加安心、放心地加入慈善大军。

网络募捐近几年来的活跃发展，从侧面反映出了我国现有公益事业发展机制的不完善。在不断完善互联网公益的同时，更应改革现有的慈善模式，构建完善的制度体系，真正实现每一份善心都用在需要它的地方。

---

① 桑玉成：《政府角色关于市场经济条件下政府作为与不作为的探讨》，上海社会科学院出版社 2000 年版。

② 《美国全国慈善信息局（NCIB）概述》，网易博客，http：//cnpwprojects. blog. 163. com/blog/static/1773380792011026855 12539/，2018 年 2 月 3 日。

 **思考题**

1. 请联系实际，谈谈网络募捐与传统募捐的区别及其利弊。

2. 你认为《中华人民共和国慈善法》的颁布会给"轻松筹"等互联网募捐平台带来阻碍吗？请简要阐述理由。

3. 借鉴美国网络募捐监管的经验，同时结合中国实际，你认为完善网络募捐监管体系应从哪几个方面入手？

4. 结合互联网特征，谈谈如何加强网络募捐的可信度机制考量。

5. 网络募捐的蓬勃发展反映出我国现有慈善体系的不完善，请说明我国目前对慈善组织的监管存在哪些问题。

案例教学手册

一、课前准备

让学生充分了解目前我国慈善事业的发展状况，搜集身边的网络募捐案例。制订明确合理的授课计划，根据相应步骤充实课堂素材。课堂讲义的草拟、幻灯片的制作、师生互动内容的准备等，都需要在授课前期完成。在课前需要提前告知学生本次授课主题，将学生分为3~5个组，让学生在课前能够充分了解事件、评论事件、提出问题，有利于课堂中的讨论。

二、适用对象

公共管理类专业的学生，社会学、政治学等关联学科的学生，以及对此类事件较为感兴趣的个人或群体。

三、教学目标

1. 了解事件，分析问题

对传统的慈善行业进行深度剖析，全方位了解网络募捐的兴起与发展，多角度听取各相关主体的意见。从政府、企业、市场、个人四个角度分析相关主体的不同态度和观点，探寻网络募捐探寻合理的发展路径。

2. 总结"互联网+"行业的特点及其管理模式

网络募捐属于传统慈善行业与互联网的一次跨界融合，使互联网在慈善行业的资源配置上发挥优化及集成作用，是增强行业动力的有效手段。二者在融合过程中产生了一系列问题，政府与平台都存在监管不到位的现象。网络募捐是"互联网+"行业的代表，通过对此案例的分析和探讨，学生应了解政府等行政主体在应对传统行业与互联网结合过程中所产生的问题时所应该具备的态度和处理方式。根据对"轻松筹"的背景分析、主体责任分析，明确各方责任划分，完善对慈善行业的监管。

3. 培养学生多元思维能力，正确认识问题和解决问题的能力

以"轻松筹"为代表的网络募捐平台，是典型的传统行业与互联网融合的产物。通过对此案例的分析，公共管理类学生应学会在"互联网+"趋势之下分析政府与各相关主体的责任，正确理解各主体之间的关系，思考如何做到和谐发展。此外，要培养学生客观、冷静地看待此类案例，引导学生站在多方角度去思考问题，了解事件的全貌，形成自己的评价，从而更好地指导实践。

四、要点分析

1. 案例中的几个关键词

网络募捐、诈捐、轻松筹、政府监管

2. 案例中的相关主体

网络募捐平台、政府相关部门、社会公众、受捐者

3. 案例中的几个显著问题

（1）"轻松筹"的性质。

2016年9月1日，具有里程碑意义的《中华人民共和国慈善法》（以下简称《慈善法》）开始实施，标志着我国慈善事业进入了有法可依的崭新篇章。与此同时，民政部指定的首批慈善组织互联网募捐信息平台名单终于出炉，轻松筹、腾讯公益网络募捐平台、蚂蚁金服公益平台等13家平台最终确认入围。相关法律条例的内容，在网络上引起了大众的广泛讨论。《慈善法》中明确禁止没有公开募捐资格的个人和组织开展公开募捐。作为基于社交的全民众筹平台，轻松筹"微爱通道"板块下的"大病救助"一直备受关注。实际上，轻松筹所有医疗救助项目的发起人均为个人，其目的是给自己或直系亲属治病，且信息只能在朋友圈内传播，属于"个人求助"行为。"个人求助"与"慈善募捐"在定义、主体、目的、法律关系和剩余财产处理等各方面都存在明显不同。《慈善法》禁止的是不具有公开募捐资格的个人和组织进行慈善募捐，而轻松筹上的"个人求助"不属于慈善活动，不受《慈善法》调整。而关于其他的慈善募捐，民政部下发的《民政部办公厅关于遴选慈善组织互联网公开募捐信息平台的通知》使轻松筹具有了发布慈善公开募捐信息的资格。也就是说，轻松筹是合法合规的互联网募捐信息平台。

（2）政府如何监管的问题。

由于互联网具有匿名性、隐蔽性以及传播快、影响范围广等特点，使得网络募

捐这种行为比较复杂，给监管带来很大难度。政府对其进行监管，应该从以下几点出发：首先，加快网络募捐立法进程。当前网络募捐仅停留在社会合法性的阶段，尚未进入法律合法性的阶段，存在着社会合法性与法律合法性的矛盾。网络募捐属于民间的自发慈善行为，虽然这种自发的慈善行为并不具有明确的法律地位，但因其大量存在于当今社会，具有很强的社会基础和社会合法性。我国目前关于慈善事业的法制建设相对滞后、不完善，已有的法律法规对慈善捐赠事业，尤其是来自民间的慈善机构，也是限制多、鼓励少，仅有的优惠政策，多给予政府举办的机构而非民间机构，特别是我国目前尚无针对慈善募捐的专门法律法规，无法对网络募捐这个新生事物作出法律意义上的判断，直接的后果是无法可依、难以监管。其次，要加强对网络募捐的审批和管理，保障网络募捐主体的合法性。由于过去我国在审批非营利组织中存在手续繁杂、门槛偏高、管理僵化等问题，使得一些民间慈善组织无法以慈善组织注册，成为草根性的慈善组织，或注册为工商类组织，或干脆不注册。要使网络募捐健康发展，必须加强对它的审批和管理。同时，现代慈善事业的本质，不是个人对个人的善举，而是有组织的社会化行为，其区别于传统慈善事业的根本点，就在于它是由比较完善的社会力量参与运作的；而网络募捐是由民众自发组织的慈善行为，由一人或多人发起，针对某个人或某一类群体，更多地体现为公民个体的慈善行为，与现代慈善所具有的组织行为特点有很大区别，且网络慈善所发起的救助往往属于民间私募行为，募捐的发起者往往不具备发起募捐的法律资质。因此，国家应该对这类慈善行为认真进行调查研究，建立网络募捐的审批制度，通过审批确认其合法地位，从源头上防止一些组织或个人利用网络募捐进行诈骗，推进网络募捐的组织性、规范性和有序性发展。最后，要建立网络募捐的监督与评估机制。随着网络救助的规模日益扩大，其暴露出的问题也越来越突出，必须建立完善的监督与评估机制，才能保证其健康发展。由于目前国家对民间慈善机构的监督、约束机制还没有建立起来，没有明确的主管机构，致使很多人钻空子。民间慈善主管机构成立之后，如何去规范募捐行为，如何监督善款的流向，也是民众十分担忧的问题。

（3）对"公益众筹"的展望。

"轻松筹"创办的初始目的是帮助很多有创业梦想的人，但是随着平台的平民化，众多公益项目出现在"轻松筹"上。事实上，近年来，"公益"和"众筹"都依赖于"众人"的奉献和援手，"公益众筹"越来越多地出现在了慈善领域。基于微信的"轻松筹"由于其社交性，可以吸引更广泛的群体参与到慈善事业中，"轻松筹"之类的网上筹款平台并非慈善组织，没有公开募捐的资格，发动众筹项目存在越权嫌疑。尽管当下慈善行业鼓励互联网公司参与，但互联网公司只能提供技术和平台，以正规慈善组织的名义进行募捐，不能以自己的名义筹款，且慈善行为过程中需邀请第三方机构对善款使用进行监督。众筹活动的互动性，将公益运作得更加阳光、透明。"红十字会"和"轻松筹"已经达成了合作，成立了"轻松筹微基金"，将以"众筹＋企业"配捐的形式，帮助有困难的救助者。"公益众筹"已然渗透到每个普通人的生活里，不可因众筹之易，便擅自改变善款的用途，将其挪作个人消费。"微信"是中国目前使用人数最多的社交平台，微信朋友圈里绝大多数是个体的"意义重大者"，微信将是公益众筹最合适的通道，充分利用微信，公益众筹会是公益募捐活动最平易近人的模式。

4. 对案例的深层思考

（1）"互联网+慈善"。

在发展"互联网+"的时代背景下，慈善事业的互联网趋势已经无法阻挡，"互联网+慈善"将给公益慈善事业带来新的行业链条的建立、发展环境的改善和发展空间的无限延伸，最终改变人们参与公益慈善的习惯。"互联网+慈善"模式指的是将互联网信息平台与慈善事业深度融合起来，为慈善事业创造新的慈善发展模式。相较于传统的慈善模式，"互联网+慈善"模式在传播性、便捷性、交互性、经济性等方面都呈现出显著优势。

（2）《慈善法》所带来的机遇与挑战。

"互联网+慈善"模式以公平竞争的市场思维打破了我国传统慈善事业的瓶颈，而《慈善法》则规范了"互联网+慈善"模式的运作方式和慈善行为，在一定程度上成为其提升公信度和透明度的助推器。与此同时，《慈善法》对政府管理水平也提出了很高的要求，相关部门能否适应新要求，将直接影响到该法的实施效果。就"互联网+慈善"模式而言，由于网络募捐信息只能在民政部门认可的网络平台发布，这就需要相关网络平台的管理水准、技术要求及监督措施提升到较高的水平。

五、课堂安排

1. 案例回顾

用大约30分钟时间进行案例回顾，在回顾过程中充分运用计算机辅助手段，用视频播放器播放案例的相关新闻报道和专家采访视频。

2. 案例设问

在案例回顾结束后，向学员提出3～5个相关问题，不同的问题由不同的组回答。

3. 案例讨论（第一次）

案例设问后，引导学员进行第一次课堂讨论。课堂讨论利用小组讨论的形式，由不同的组回答不同的问题，所有小组回答完毕后进行共同讨论，即进入案例讨论的辩论环节，各小组可对其他小组所回答的内容进行提问和反驳。

4. 教师点评（第一次）

教师对各小组回答问题的情况及辩论环节相关论点进行分析点评。

5. 案例深化

教师继续对本案例进行深化，向学员提出 2~3 个案例深层问题。

6. 案例讨论（第二次）

引导学员进行第二次课堂讨论，此次讨论不分组，自由讨论。讨论结束后如有争议，继续进行辩论环节。

7. 教师点评（第二次）

教师对学员回答问题的情况及辩论环节相关论点进行分析点评。

8. 教师总结

教师对案例所反映的要点进行全面总结，并向学员提出今后学习的相关建议。

六、其他教学支持

1. 计算机支持

Microsoft Office 软件 Word、Excel 和 PPT 的全面运用。

2. 视听辅助手段

教学过程中使用影音播放器。影音播放器支持本地播放与在线视频点播，其在案例教学中的使用让学员获得了充分的案例视听资料。

电力供应突发事件应急处理案例分析

——以 Y 电网为例

摘要： 近年来，世界各地大面积停电事件时有发生，造成了很大的经济损失以及严重的社会影响。人们对电力安全越来越重视，对应对电力供应突发事件的应急处理要求也越来越高，值得我们对电网安全管理给予高度的重视并进行深入研究。2009 年 11 月巴西大停电、2010 年 7 月惠州大停电、2012 年 4 月深圳大停电、2012 年 7 月印度大停电……由此，平稳、高效地解决各种电力安全事故，对保卫电力系统少受破坏打击，为社会创造和谐、稳定的生活环境，具有非常重要的意义。电力供应突发事件的状态是不断变化的，如何根据事件的不同状态及其变化趋势，采取适当的应急处理方法，将其所造成的损失降到最低？如何评估电力安全风险？电网的预控措施是否到位？这一系列问题值得我们思考。本文以 Y 电网的电力供应突发事件为例，研究其在运营中电力安全风险管理和突发事件处理的经验教训，希望能给其他供电公司带来启示，改善电力安全风险管理状况，增强处理电力供应突发事件的能力。

关键词： 电力供应　突发事件　安全风险管理

1　Y 电网介绍

Y 供电局成立于 1979 年，是 G 省电网公司直属分公司，主要负责 Y 市的供用电管理工作，供电面积 1.3 万平方公里，供电人口 777 万多人，供电客户 186 万户，共有 110 千伏及以上输电线路 2 606.45 千米，变电站 72 座，主变 120 台，容量 8 394 兆伏安。Y 供电局本部设有 12 个部门，下辖 8 个二级机构；管理 5 个区级供电局，2 个县级供电局分公司，3 个县级供电局子公司。

由于电力行业发、输、变、配、用各阶段是同时进行的，且供电范围非常广，每年都会收到投诉。区分处理电力安全事件，对电力供应突发事件进行处理和危机管理，对 Y 电网来说非常重要。由于管理层重视，Y 电网建立起了自己的电力安全管理体系，成立了应急小组，有突发事件处理预案和定期演练，自成立以来处理了多起电力安全事件，由于应对适当，口碑良好，连续多年在 Y 市服务行业评比中名列第一。

2　Y供电局电力供应突发事件处理情况

（1）停电情况。

为进一步增强Y市西部区域的供电能力，改善该片的电压质量，Y供电局计划开展一项110kV输变电工程建设，工程建设期间要求电网设备停电配合施工，影响对客户的供电。

（2）客户投诉。

20××年×月16日晚22时34分，L镇辣椒冷冻厂Q先生致电Y供电局客服中心反映：由于供电局的错峰停电，导致这两天该厂的几千吨辣椒都不能入库，当天收的30吨辣椒也无法入库，这样下去会损失几千万元，要错峰停电也不应该对工厂停电。Q先生表示，之前接到通知是17日才停电，16日已停电大半天，要求供电部门核查处理，否则将向电视台曝光。

（3）客户处理。

16日晚22时42分，客服中心立即致电调度，说明接到L镇辣椒冷冻厂的客户投诉，如果当晚还没电的话，会对该厂造成很大的损失，希望能尽快送电。调度员表示预计会在当晚23—24时之间送电。

22时46分，客服中心致电Q先生向其解释相关情况，Q先生表示这几千吨的辣椒都在外面无法入库，这几天气温偏高，对货物有很大的影响，如果继续这样下去，不排除其将几千吨辣椒拉到Y市政府的可能。客服中心表示会尽快送电，目前预计会在23—24时间送电，请客户做好相关准备，并对停电给客户带来的麻烦表示歉意。

22时58分，客服中心将工单传至Y供电局L供电所S所长，请其核实通知情况，且对停电给客户造成的损失做好解释工作。

23时01分，Q先生再次致电客服中心咨询复电情况，客服中心向Q先生解释已向调度反映客户的特殊情况，并承诺会尽快送电，希望客户耐心等待。

23时28分，经调度与现场沟通，提前通知操作人员赴现场准备操作，做好送电准备，尽量缩短送电时间，对L镇辣椒冷冻厂恢复送电。

（4）Y电网自查（17日）。

①为进一步增强Y市西部区域的供电能力，并改善该片的电压质量，Y供电局计划开展一项110kV输变电工程建设。在20××年×月10—24日期间，工程按计划进行110kVA线路架线及立塔工作。按工作要求，施工期间，需将同塔架设的110kVB线停电。110kVB线停电后，供电能力减弱，不能满足正常供电要求，并给电网运行带来极大风险。为了将施工期间电网运行风险控制在一级事件以下，在电

网方式安排上，需将 L 镇负荷控制在 Y 市的 22%以下。

在 110kVA 线停电前，Y 供电局编制检修期间的风险控制方案、错峰和保重要客户方案，并提前向受影响的客户发通知和张贴通告，提醒客户做好应急电源准备，最大限度减少停电对客户造成的影响。另外，在施工期间，也通过加强对施工现场和施工进度的监控，确保工作按期完成。

16 日的停电属于计划停电，L 供电所已按制订的计划提前告知相关客户做好准备，提醒有需要连续供电的客户应自备发电机。但施工时遭受部分群众阻挠，造成停工长达 4 个小时，客户停电时间也相应延长。

鉴于以上情况，Y 供电局进行紧急磋商，一方面调整 L 镇错峰方案，尽量对辣椒冷冻厂片负荷少错峰；另一方面调遣发电机赴 L 镇辣椒冷冻厂，帮助其渡过难关。

②客服中心致电 S 所长了解具体情况，S 所长表示工商局和客户目前正在供电所协商处理，对于通知情况，在×月 14 日其已通过电话通知该厂的合股人有关 14—24 日的错峰停电情况，并且在人流众多的地方贴了停电告示。17 日，工商局、冷冻厂负责人、供电部门三方在供电所进行沟通，工商部门负责人对供电所的通知情况表示认同，冷冻厂负责人在现场也没有提出异议。

（5）客户处理（17 日）。

L 供电所 S 所长赴辣椒冷冻厂了解情况，发现冷冻厂并未按供电所之前的通知准备发电机，并将此情况汇报 Y 供电局，Y 供电局调遣发电机赴 L 镇辣椒冷冻厂。

（6）客户处理（18 日）。

客服中心再次电话回访 Q 先生，Q 先生表示这次停电给其造成的经济损失太大，虽然已有相关工作人员给他们致歉，但已经不可能挽回他们的损失，其已向工商局反映，工商局也没有办法对此作出解释。客服中心表示相关的错峰通知供电所已电话通知其合股人，请其提前做准备。对于停电造成对客户的损失，客服中心表示非常抱歉，建议客户在此期间做好自备发电车的准备，避免事件再次发生。Q 先生表示无奈后便自行挂机。

（7）媒体反应（25 日）。

Y 市新闻网站刊登了关于 16 日的错峰轮停事件导致 L 镇辣椒冷冻厂很受伤的新闻，并对 23 日、24 日两日又出现的停电表示抱怨。

（8）媒体处理（26—31 日）

Y 供电局积极联系 Y 市新闻网刊登相关新闻的记者，联合政府向记者解释 16 日错峰轮停事件始末，并解释 23 日、24 日的短时停电是由于故障引起，处理故障后已送电，分别停电 1 小时和 15 分钟，并安排由 Y 市新闻网于 31 日在网站刊登对 25 日相关新闻的跟踪报道，说清事情。

3 案例分析——利益相关者如何做？

Y 电网的安全生产风险管理体系是有效的吗？此事件是否为电力供应突发事件？Y 电网对此事件的处理对利益相关方合适吗？

Y 电网处理此次事件的过程，归纳如表 1 所示。

表 1   **Y 电网电力安全事件处理过程**

利益相关者	16 日	17 日	18 日	25 日	26-31 日
辣椒冷冻厂 Q 先生	投诉停电对其辣椒保鲜的影响很大	客户反映并未收到停电通知	表示损失已造成，无法原谅		表示理解
Y 供电局	客服中心联系调度，了解停电原因，派发工单至 L 供电所，并积极与 Q 先生沟通；调度得知紧急状况后，紧急联系现场，在具备条件的情况下快速送电	确认已电话通知该厂的合股人，并已粘贴停电告示；对事件进行深度分析，结合现场实际，作出快速反应，解决辣椒冷冻厂的问题	回访客户		沟通客户、工商局、新闻媒体
工商局		与工商局现场沟通			沟通
新闻媒体				刊登停电事件新闻	沟通，对停电事件解释清楚

3.1 基于客户的分析

本案例中，Y 供电局客服中心人员收到投诉后，立即采取行动，同时与调度、供电所以及客户沟通，符合速度第一原则。在电话中对于停电给 Q 先生带来的麻烦表示歉意，符合道歉先行原则，尽可能化解 Q 先生激动的心情，并顺利通过多方沟通，加快恢复送电的速度，为后来的沟通和解奠定了一定的基础。

Y 供电局作为当地的电力企业，肩负着万家灯火的职责，而 Y 供电局进行电力经营，服务多年，有着良好的声誉和口碑。出现这种长时间停电并影响客户经营的情况，客户 Q 先生感到震惊，表示如果不能得到满意答复，尽快送电并对其经营造成损失，就向有关政府机构和媒体投诉。因此 Y 供电局快速反应，道歉优先，满足客户不违法的要求是良好沟通的开始。

接到客户投诉，快速反应十分重要。必须采取有效行动去应对客户的投诉，单纯地同情、理解不能从根本上解决问题，快速地拿出解决办法、给出解决方案，满足客户最深层次的需求，才能更好地为客户服务。

本案例中，虽然 Y 供电局在即时处理和后续处理方面都尽最大努力帮助客户 Q 先生解决困难，但初期仍然达不到 Q 先生的不产生经济损失的要求。后续 Y 供电局客服中心人员进行回访的过程中，在 Q 先生仍不予理解的情况下，客服人员未给予足够的重视，虽有联系工商局共赴辣椒冷冻厂向客户解释该事件，但并未最终获得客户的理解，导致后来出现在新闻网站上的负面报道，之后花费大量精力才得以将事情始末讲清楚，并于同一新闻网站上公布。

当危机无法规避地发生后，所要做的就是减少损失，挽回形象。危机处理的基本措施可从危机处理的四个步骤来加以说明：

第一，立即调查情况，制订计划以控制事态的发展。① 在处理危机时，首先应组织有关人员，特别是专家，成立工作小组，对危机的情况做全方位的剖析：是什么导致了危机的产生？其发展情况及形势如何？谁是抱怨的利益主体？利益的直接受害者、间接受害者和潜在受影响者又是谁？危机涉及的范围多大、程度多深？抱怨的利益主体可以接受的结果是什么？不利消息对外传播是通过什么方式？不利消息传播的范围有多大？搞清楚这些情况，将有助于制定补救措施。遵循"速度第一"及"公开、公平、公正"的原则是该环节应注意的关键，如有需要，应实时更新危机发展的情况，并通过正规媒体进行公布。

第二，快速反应，高效协调，争取主动，可靠、统一地输入、输出危机处理情况。危机是公开透明的，可以说相关的人都在关注，危机处理也可以说就是高效协调各相关主体的利益，给出令人信服的解决方案。在危机信息的发布过程中，要尽最大的努力把握信息发布的主导权，但必须注重"讲实话、赶紧讲"。如果不明真相的群众经过其他途径了解到部分事实甚至是失实的事件经过，可能会将事件引向不利于解决问题的方向。针对这种情况，应由事件的责任主体担任对外发言人，发言人应以最快速度对外界进行坦诚的说明，向公众保证尽最大努力处理危机，给公众一个交代；应实时更新危机处理的进度，提前做好应对媒体、发布信息的准备，积极与媒体进行沟通，把握舆论导向，消除不必要的炒作带来的不良影响。

第三，当出现企业、政府与社会公众观点不相同、无法协调的情况，应该考虑借助第三方权威机构发表看法。要懂得利用第三方权威机构的专业性和有效性来推

---

① 刘思革、张祖平、周孝信：《城市供电应急管理研究与展望》，《电网技术》2007 年第 10 期。

进危机处理进程。第三方权威机构介入危机处理，可以在一定程度上提高公信力。

第四，妥善处理后期工作，快速恢复名誉。尤其是在出现较大的事故，而影响社会稳定、人民利益时，事故的责任主体务必诚心地履行义务，负起责任，对人民进行一定的补偿。在进行善后处理工作的过程中，必须做到一个"诚"字。

本案例中，Y供电局虽不涉及重大责任事故，但在开展善后工作方面，无论对客户还是对新闻媒体，仍有做得不够的地方，最终导致媒体的抱怨，对企业形象造成了一定程度的影响。

3.2 基于Y电网自身的分析

Y电网因停电时间长导致客户投诉，其根本原因主要在于Y市地处偏远，经济发展上不去，多年来对电网投资不够，导致电网结构薄弱，供电可靠性不高，电能质量改善空间相对较大。为进一步增强Y市西部区域的供电能力，并改善该片的电压质量，Y供电局计划开展一项110kV输变电工程建设。在20××年×月10—24日期间，工程按计划进行110kVA线路架线及立塔工作。按工作要求，施工期间，需将同塔架设的110kVB线停电。110kVB线停电后，供电能力进一步减弱，不能满足正常供电要求，并给电网运行带来极大风险。经过详细讨论和周密安排后，Y供电局决定通过电网运行方式的调整和对L镇实施错峰限电的措施，来确保施工期间电网的安全运行和工程的顺利进行。虽然工程实施期间将导致部分客户的正常用电受到影响，但在工程完成后，Y市西部片区的电网网架将得到加强，电能质量将得到大幅改善，当地的用电客户也将因此而受惠良多。这可谓是一件功在当代、利在千秋的工作。

既然停电是无法规避的，那么Y电网的预控措施是否到位呢？

我们知道，当风险评估不够充分，对风险又缺乏控制，并恰逢不恰当的人员因素、工作因素以及自然因素时，就很可能产生事故，当事故发展到一定程度，就会造成损失。

接下来，我们从以下四个方面进行分析：

一是风险识别与评估。是否进行了风险识别与评估？评估是否全面？评估结果又是否合理？

二是控制措施制定。是否制定了控制措施？该措施是否充分，针对性强？措施是否依从风险评估？措施是否融入工作方案并考虑应急要求？

三是控制措施执行。是否执行了控制措施？措施是否依从方案？

四是应急处置。处置是否得当？处置依从是否充分？

（1）风险识别与评估。

风险识别是风险管理的基础。没有风险识别的风险管理无疑是盲目的，只有通过风险识别才能将条条框框的标准与实际联系起来，把风险管理聚焦到具体的因素上来。风险识别为风险分析提供必要的信息，指导接下来对风险进行进一步分析的程度，这是风险分析的基础；通过风险识别，可更好地向人员说明、展示接下来需要执行风险预控措施的必要性①。

本案例中，从知道 110kVB 线需停电配合 110kVA 线施工任务起，Y 供电局工程部即组织生产技术部、调控中心、当地供电所对该工程的施工方案、现场清赔方案进行了沟通和审核。在 110kVB 线停电前 7 天，调控中心通过发布《Y 电网运行风险控制任务书——110kVB 线停电》，从事故危害严重程度、社会影响程度、损失负荷或影响客户性质、设备类型因素、历史数据统计因素、天气影响因素、设备缺陷因素、检修时间因素、现场施工因素、控制措施因素、操作风险因素共 11 个方面分析，得出 110kVB 线停电期间，可能造成二级事件，属于Ⅳ级风险的结论。

（2）控制措施的制定与执行。

风险控制是指在风险识别和风险评估的指导下，关注分析出来的风险点，有效进行风险预控，以清除风险点或降低风险点的影响程度。因此，风险控制的本质是减少损失概率或降低损失程度②。风险管控模型如图 1 所示。

本案例中，Y 供电局分别对调控中心、生产技术部、工程部、市场部、安监部以及供电所做出了风险预控措施要求，并要求 110kVB 线停电前 2 天需反馈各项风险预控措施的落实情况。其中三项预控措施与本案例有很强的关联：①断面控制，将 L 镇负荷控制在 Y 市总负荷的 22%以下；②市场部按《××省电网公司错峰用电及保重要客户方案模板》要求制定方案，做好保重要客户方案，落实重要客户保供电措施；③工程部按照《××省电网公司基建工程施工方案模板》要求制定方案，落实基建工程施工安全措施，加强施工现场的安全组织管理，缩短施工工期。

第一条控制措施：将 L 镇负荷控制在 Y 市总负荷的 22%以下。根据国家相关条例及电网公司内部制定的电力事故（事件）调查规程，如果减供负荷超过总负荷的 24%，造成的后果将达到一级事件，而实际上 L 镇负荷可能达到 Y 市总负荷的 26%左右，而为了降低事件等级，需通过错峰，将 L 镇负荷控制在 Y 市总负荷的 22%以下（留出负荷控制的空间），这是导致客户投诉的直接原因。

笔者认为，这是上层条例的建立、宣传和下层对条例的理解与贯彻执行衔接不到位的重要体现。政府公布相关条例的初衷是通过对电力安全事故的后果和应急处理过程的评估、考核，来优化、强化对电力安全事故的应急处理，促进电网的良性

---

① 侯慧：《应对灾变的电力安全风险评估与应急处置体系》，华中科技大学硕士学位论文，2009 年。

② 谢迎军、朱朝阳、周刚、王理金：《应急预案体系研究》，《中国安全生产科学技术》2010 年第 6 期。

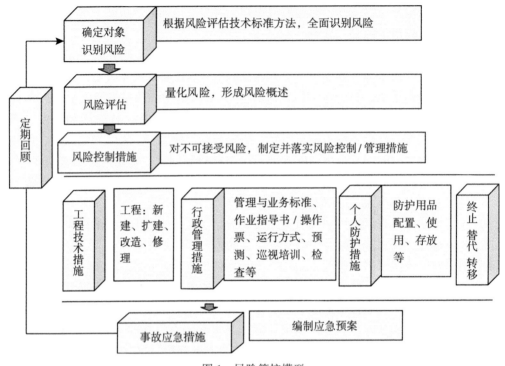

图 1　风险管控模型

发展，通过良性手段来优化电网网架结构和运行方式，降低电网运行风险。可是，到了基层，情况发生了微妙的变化，往往通过常规方法无法降低风险等级，或者说离降低风险等级还差少许时，会选择通过非常规手段——例如错峰，来达到降低风险等级的目的。举例来说，一个镇如要满足正常需求需要 100kW 的负荷，但电力公司为了降低可能发生的风险，就只给这个镇 80kW 的负荷指标，客观上阻碍了该镇的正常发展。

对这个镇来说，其肯定愿意得到较高的用电指标，而电力企业由于对政府关于事故（事件）考核的态度、力度把握不准，也无从咨询，往往会选择明哲保身的做法，可偏偏这个时候，政府却不站出来，对《电力安全事故应急处置和调查处理条例》做一个更加明晰的解释。因此，就很容易得到电力企业给出较小的指标、地方发展受限的结果，而在这个环节中最应该发挥作用的政府却感受不到一点压力。①

---

　① 姚杰、计雷、池宏：《突发事件应急管理中的动态博弈分析》，《管理评论》2005 年第 3 期。

第二条控制措施：Y 供电局市场部按《××省电网公司错峰用电及保重要客户方案模板》要求制定方案，做好保重要客户方案，落实重要客户保供电措施。市场部按照要求，制定了错峰轮休方案，并提前向受影响的客户发通知和张贴通告，提醒客户做好应急电源准备，最大限度减少停电对客户造成的影响。可是从 17 日客户 Q 先生的反馈来看，其并未收到停电通知，据后来了解，停电通知是通知到了 Q 先生的合伙人。沟通上出现的真空，信息传递过程中出现的问题，是造成客户投诉的直接原因。

第三条控制措施：Y 供电局工程部按照《××省电网公司基建工程施工方案模板》要求制定方案，落实基建工程施工安全措施，加强施工现场的安全组织管理，缩短施工工期。据现场反应，施工过程中，曾出现现场施工受阻的情况，影响了施工进度。究其原因，一方面是由于工程部门沟通工作做得不到位，仍存在未摸清的困难；另一方面是由于现场施工环境恶劣，突发事件复杂且多，加大了施工难度。

（3）应急处置。

本案例中，Y 供电局在应急处置方面做到了立即调查情况、制订计划以控制事态的发展，这是值得肯定的。

在开展善后工作方面，无论是对客户还是对新闻媒体，Y 供电局仍有做得不够的地方，最终导致媒体对该事件进行片面的曝光，对企业形象造成了一定程度的影响。我国经济已进入增长速度换挡期，结构调整不断深化，客户对服务的要求更加苛刻：一方面，为了推动经济的发展，各级政府将会出台更多的企业扶持政策，要求电力企业提供更加周到的服务；另一方面，随着社会的进步，网络等新媒体发展迅速，对电力企业提供的服务产品的监督更加严格，客户对服务的要求和维权意识也逐步提升。然而，服务是需要成本和代价的，在利润空间不断压缩、经营环境日趋困难的情况下，如何做好普遍服务和个性化服务，都需要电力企业加强思考，需要电力企业全员服务的意识和机制更加强化和完善，特别是在出现突发事件时，为了将影响控制在可控范围内，客户服务工作需要更精细化、个性化。

3.3 政府与媒体

Y 电网在客户处理方面，遵循速度第一、道歉先行原则。之后 Y 电网调查分析内部原因，并及时向客户反馈调查的结果，使客户感到 Y 电网是愿意承担责任的，调查分析的结果是透明的，沟通是真诚的。

向政府有关部门报告情况时，Y 电网的代表十分重要。首先要做好与政府相关部门的沟通，解释清楚，意见达成一致后再向客户解释。解释时不放大电网安全事件中的问题，但也不掩盖事实真相，将该事件的起因、处理结果说明清楚，并积极听取政府有关机构的指导意见，必要时请政府有关机构人员现场指导。

如果媒体参与进来，要与之沟通，形成合适的电网安全事件报道模式，避免媒体的不当报道事件带来的负面效应。在向媒体公布事件进展信息之前，应在企业内部统一认识，指定专门的发言人负责对媒体发布信息，接受媒体的采访，为了避免媒体的报道不正确，重要事项一定要以书面材料的形式发给记者，以免引起不必要的麻烦。在报道电网安全事件时，既要报道事件的实际情况，又要介绍事件相关的专业知识，对公众进行科普教育，也避免公众产生误解。对电网安全事件的报道，应阐述清楚事件的原因和本质，把事件的真相呈现在公众眼前。

4 案例小结

本部分从 Y 电网的一个电力安全事件入手，调查分析 Y 电网所采取的应对措施。首先 Y 电网快速反应，及时与客户沟通，遵循道歉优先原则，取得客户的谅解和配合，在条件满足的情况下快速恢复送电。而后 Y 电网内部进行调查分析，采取有效措施，紧急调来发电机，为客户解决实际问题。

运用电力安全生产风险管理体系工具，从风险识别与评估、控制措施、措施执行、应急处置等方面对 Y 电网在此次事件中的表现进行分析，可得出结论：基层对当前规章制度的理解和执行不到位是制约地区发展的重要因素。

Y 电网快速反应，把此电网安全事件确定为电网突发事件，启动危机管理预案，但仅与利益相关方客户、政府相关部分进行了有效沟通，忽略了和媒体的沟通工作以及对客户的后续跟进工作，导致新闻媒体对该事件片面曝光，对企业形象造成了一定程度的影响。

5 教训和启示

5.1 案例教训

一是要重视电网适度超前的建设理念。不要等到迫在眉睫，才来组织电网建设，一方面给电网建设过程中涉及的客户停电与电力有序供应的矛盾腾出调节的空间，另一方面也能在支持社会经济发展的工作中争取主动。

二是规范分清供电企业与客户各自的责任。此案例中，Y 电网将停电信息通知到客户所在工厂中一个登记在册的负责人，但客户却反映未收到停电通知。针对这种情况，应从客户的供电合同入手，明确联系人，并严格要求不同级别的重要客户自行配备发电机，避免不必要的纠纷。

三是坚决将应急预案执行到底。Y 电网虽已认识到该事件属突发事件，也启动了应急预案，但从整个事件的发展过程来看，虽在前半段解决客户实际困难方面处理得迅速、妥当，但在后续跟进过程中还是没有将应急预案执行到位。

5.2 案例启示

危机不是只从技术角度来定义，人的感知更重要。危机管理通常要向政府相关部门和新闻媒体报告，要沟通协调和采取行动。减少突发事件，预防危机产生，人是最重要的因素。有突发事件时，要及时调查情况，明确事实和相关数据，内部沟通达成一致，对外发布信息及时、透明；事后要做根本原因分析，培训有关人员，避免类似事件再次发生。

电网安全涉及国家安全、人民生活安定，必须从国家战略的高度予以重视，加强相关基础设施建设。

有效的管理体制，是保障电网安全的必要条件。电力系统发、输、配、用紧密联系，相互影响、不可分割，任何时候都必须保持平衡，任一环节的问题都可能危及整个系统安全。坚持电网的统一调度、统一管理是电力系统的客观要求。国家电力体制及其市场化机制形成于一个供需平衡稳定、电网规模稳定的环境中，对于像中国这样的发展中大国，电网结构在不断变化，电网还面临诸多发展的矛盾。

与经济发展相适应的电源、电网建设，是保障电网安全的物质基础。电力对国计民生具有重要的基础性作用，坚持电力适度超前发展，保持合理的电源布局及电网结构，保证适当的充裕度，才能有效保障电网安全，保证电力有序供应。必须建立政府、企业、客户及社会各方共保安全的良好机制。电网的建设及安全措施的落实，涉及各级政府、电力企业、电力客户以及社会的有关方面，必须齐心协力，才能持续保证电网的安全稳定，形成共保安全的良好机制。

 **思考题**

1. 近年来我国大面积停电事件屡次发生，政府应如何应对电力突发事件？

2. 在处理电力系统突发事件上，本案例有哪些值得借鉴的地方以及可以完善的环节？

3. 在遇到类似电力突发事件时，应该如何协调客户、电力公司、政府与新闻媒体之间的关系？

4. 供电企业应建立怎样的配套性应急保障措施？

5. 加强电力突发事件应急管理机制体制建设，应该从哪些方面考虑？

案例教学手册

一、课前准备

在充分了解 Y 电网供应突发事件发展过程的基础上，制定明确合理的授课计划，根据相应步骤充实课堂素材。课堂讲义的草拟、幻灯片的制作、师生互动内容的准备等，都需要在授课前期完成。在课前需要提前告知学生本次课程授课主题，让学生在课前能够充分了解事件、评论事件、提出问题，有利于课堂中的积极讨论。把学生分成若干小组，每小组各有一人作为组长负责小组讨论的进行，并记录本小组讨论过程中的观点要点。

二、适用对象

公共管理类专业的相关学生，社会学、政治学等关联学科的学生，以及对此类事件较为感兴趣的个人或群体。

三、教学目标

1. 了解事件，分析问题

对此类国家电网供应突发事件进行深度剖析，全方位了解事件的进展，多角度听取各相关主体的意见。从电网公司、政府、民众三个角度分析事件相关主体的不同态度和观点，并探寻合理的解决之道。

2. 总结公共危机事件的处理经验

电网供应突发事件的应急处理，是当代公共管理领域内的重要事项，也是民众比较关注的问题。通过对此类案例的分析和探讨，可了解政府等行政主体在解决公共危机事件时所应该具备的态度和处理方式。根据 Y 电网案例总结经验、明确职责，能够使未来政府对危机事件的处理更加系统化、明确化、有效化，在充分考虑各主体利益的相关性的基础上，合理解决产生的问题。

3. 培养学生多元思维能力，正确认识问题和解决问题的能力

Y 电网供电应急突发事件，通过不同的主体反映了在供电问题与地方发展建设上存在的矛盾。通过对此类事件的分析，公共管理类学生要形成对危机事件的处理意识，从思想上架构此类事件的解决框架，结合自身思考，寻求解决方法。另外，要培养学生客观、冷静地看待此类事件的进展，引导学生站在多方角度去思考问题，全面了解事件的前因后果，形成自己的评价，从而更好地指导实践。

四、要点分析

1. 案例中的几个关键词

电力供应、突发事件、安全风险管理

2. 案例中的相关主体

政府、电力公司、民众

3. 案例中的几个显著问题

（1）控制措施与执行问题。本案例中，根据相关标准，如果减供负荷超过总负荷的 24%，造成的后果将达到一级事件，而实际上 L 镇负荷可能达到 Y 市总负荷的 26% 左右，而为了降低事件等级，需通过错峰，将 L 镇负荷控制在 Y 市总负荷的 22% 以下（留出负荷控制的空间），这是导致客户投诉的直接原因。

政府出台电力事故（事件）的等级划分标准，其初衷是通过对电力安全事故的后果和应急处理过程的评估、考核，来促使优化、强化对电力安全事故的应急处理，促进电网的良性发展，通过良性手段来优化电网网架结构和运行方式，降低电网运行风险。可是，到了基层，情况发生了微妙的变化，往往通过常规方法无法降低风险等级，或者说离降低风险等级还差少许时，会选择通过非常规手段——例如错峰，来达到降低风险等级的目的。这样做的后果是阻碍了地方的正常发展。

（2）信息沟通出现问题。此案例中，市场部按照相关要求，制定了错峰轮休方案，并提前向受影响的客户发送通知和张贴通告，提醒客户做好应急电源准备，尽最大限度减少停电对客户造成的影响。可是从 17 日客户 Q 先生的反馈来看，Q 先生并未收到停电通知，据后来了解，停电通知是通知到了 Q 先生的合伙人。这一信息传递过程中出现的问题，是客户投诉的主要原因。

（3）电网公司的服务还有所欠缺。我国经济已进入增长速度换挡期，结构调整不断深化，对客户服务的要求更加苛刻：一方面，为了推动经济的发展，各级政府将会出台更多的企业扶持政策，要求电力企业提供更加周到的服务；另一方面，随着社会的进步，网络等新媒体发展迅速，对电力企业提供的服务产品的监督更加严格，客户对服务的要求和维权意识也逐步提升。然而，服务是需要成本和代价的，在利润空间不断被压缩、经营环境日趋困难的情况下，如何做好普遍服务和个性化服务，都需要电力企业加强思考，需要电力企业全员服务的意识和机制更加强化和完善，特别是在出现突发事件时，为了将影响控制在可控范围内，客户服务工作需要更精细化、个性化。

4. 对于案例相关主体的思考

民众：在有效维护自身利益的同时，也兼顾地区发展的需要，是缓和电力供应突发事件中矛盾的源动力。

政府：建立科学的应急管理体系，对电力突发事件进行及时的响应和执行，是解决电力突发事件的根本保障。

电网公司：运用电力安全生产风险管理体系工具，从风险识别与评估、控制措施、措施执行、应急处置等方面进行分析，得出基层对当前规章制度的理解与执行不到位是制约地区发展的重要因素。

5. 对于电力供应有效性构建的思考

一是要重视电网适度超前的建设理念；二是规范分清供电企业与客户各自的责任；三是坚决将应急预案执行到底。

6. 案例中的反思

电网安全涉及国家安全、人民生活安定，必须从国家战略的高度予以重视。有效的管理体制，是保障电网安全的必要条件。与经济发展相适应的电源、电网建设，是保障电网安全的物质基础。

五、课堂安排

1. 案例回顾

运用约30分钟时间对本案例进行梳理。

2. 案例设问

在案例梳理结束后，向学员提出3~5个相关问题，不同的问题由不同的组回答。

3. 案例讨论（第一次）

案例设问后，引导学员进行第一次课堂讨论。课堂讨论利用小组讨论的形式，由不同的组回答不同的问题。所有小组回答完毕后，进行共同讨论，各小组可针对其他小组所回答的内容进行提问和反驳。

4. 教师点评（第一次）

教师对各小组回答问题的情况及辩论环节相关论点进行分析点评。

5. 案例深化

教师对本案例进行深化，向学员提出 2~3 个与案例有关的深层问题。

6. 案例讨论（第二次）

引导学员进行第二次课堂讨论，此次讨论不分组，自由讨论，结束后如有争议，继续进行辩论环节。

7. 教师点评（第二次）

教师对学员回答问题的情况及辩论环节相关论点进行分析点评。

8. 教师总结

教师对 Y 电网电力供应突发事件所反映的要点进行全面总结，并向学员提出今后学习的相关建议。

六、其他教学支持

1. 计算机支持

Microsoft Office 软件 Word、Excel 和 PPT 的全面运用。

2. 视听辅助手段

教学过程中使用影音播放器。影音播放器支持本地播放与在线视频点播，其在案例教学中的使用让学员获得了充分的案例视听资料。

公共危机应对

—— "7·23" 甬温线特别重大铁路交通事故案例分析

摘要：本案例以 "7·23" 甬温线特别重大铁路交通事故为例，描述了在高速铁路快速发展的过程中政府安全监督不力、工作人员素质考核不足、事故处理监督不到位等问题，对案例中所涉及的几个核心问题进行了分析，对问题中各参与主体间的相互关系进行了厘清，对政府在高速铁路安全监管中所应扮演的角色进行了盘点。该案例所反映的问题在多个城市和地区存在，说明该案例具有普遍意义和分析价值。

关键词：高速铁路安全　监督体系　公共危机　政府　媒体

2008 年 1 月 23 日，D59 次动车发生重大交通事故，造成 18 人死亡，9 人受伤。

2011 年 7 月 23 日，甬温线路上两辆动车发生追尾，造成 40 人死亡，172 人受伤。

2013 年 11 月 22 日，京哈高铁发生撞人事故，造成 4 人死亡，1 人受伤。

高速铁路安全问题一直是舆论关注的焦点。政府在高铁安全监管方面有哪些不足？公共危机事件中政府是如何进行危机公关的？突发公共事件中媒体扮演了怎样的角色？下面就以 "7·23" 甬温线特别重大铁路交通事故为例来揭开迷雾。

1 案例前言

1.1 我国高速铁路现状

高速铁路在不同国家、不同时代有不同定义。中国国家铁路局对高速铁路的定义为：新建设计开行 250 公里/小时（含预留）及以上动车组列车，初期运营速度不小于 200 公里/小时的客运专线铁路。近年来中国高速铁路发展迅猛，中国一跃成为世界高速铁路 "大国"。而中国铁路在高速发展的同时，暴露出来的问题日渐明显，其中最引人关注的就是高铁事故。见表 1。

表1   我国部分高铁事故盘点①

时间	事故	原因
2013-11-22	京哈高铁发生撞人事故，4人死亡，1人受伤	列车晚点未及时向相关指挥中心发布信息，致使在计划作业时间工作的工人被撞
2012-1-11	武广高铁连发停运事故	动车组电气设备故障
2011-7-23	甬温动车追尾，40人死亡，172人受伤	调度失误、雷击、列控中心设备存在安全隐患
2011-7-10	京沪高铁两天三次断电晚点	供电设备故障、接触网故障
2011-4-11	D358/D355次动车滞留于隧道4小时	列车突发接触网故障
2010-8-12	D3008次动车停摆	电路故障
2009-5-17	沪宁铁路发生交通事故，2人死亡，3人受伤	人员违规进入施工作业区
2008-1-23	D59次动车发生重大路外交通事故，18人死亡，9人受伤	临时铁路不达标，司机在速度上有疏忽，工人违规进入施工作业区

表1罗列的众多事故，不论是天灾还是人祸，都向我们敲响了警钟：在高铁飞速发展的同时，安全问题不容忽视。综合我国多起高铁事故不难发现，导致高铁事故发生的根本原因往往不是技术问题，而在于组织管理。

1.2 高速铁路安全影响因素分析

通过对高铁事故产生原因的归纳，可以得出影响高速铁路安全的因素包括人员、设备、环境。

（1）人员因素。

甬温动车事故造成40人死亡，172人受伤，事故主要原因就是列车工作人员出现了调度失误，信息沟通不畅，最终导致动车追尾；D59次动车事故导致18人死亡，9人受伤，而引发这一事故的原因就包括人员操作失误——列车司机在弯道时没注意到速度的控制②。洛阳铁路分局曾做过一个相关的统计，发现1980—1994年间，共发生71起铁路事故，其中由于机车操作人员的失误而导致的事故有

---

① 张姗姗：《我国高速铁路安全监督管理问题研究》，天津商业大学硕士学位论文，2014年。

② 《D59次列车撞死18人》，http://news.sina.com.cn/o/2008-01-26/094913330833s.shtml，2008年1月26日。

67 起，占事故总数的 93.1%①。

（2）设备因素。

甬温动车事故、D59 次动车事故中均出现了设备故障问题。铁道部改革前，我国一直处于政企不分的铁路体制下，铁路的承包、建设及验收全部具有垄断色彩，监督机制极度缺乏，监督力度也亟待提高，工程建设、列车制造及相关基础设施的质量往往并不达标，再加上设施设备的日常维护修理不到位，极容易导致设备在列车运行中出现故障进而导致铁路事故的惨烈发生。②

（3）环境因素。

环境因素是三大因素中稳定性最弱的因素，是一个绝对的变量。环境不仅包括雷电、雨雪、地震、泥石流等自然灾害以及列车运行的周边设施环境，还包括社会环境，即由社会政治、经济和文化共同组成的高速铁路运行环境。自然灾害显然不是人力可以控制的，但是我们可以通过良好的社会环境、可靠性高的环境监测设备和准确的人员操作来避免或是化解自然灾害对高速铁路运行安全的威胁。

这三个因素相互联系、相互依存，构成了一个复杂的系统。

2 "7·23" 甬温线特别重大铁路交通事故过程介绍

2011 年 7 月 23 日 19 时 30 分左右，雷击温州南站沿线铁路牵引供电接触网或附近大地，通过大地的阻性耦合或空间感性耦合在信号电缆上产生浪涌电压，在多次雷击浪涌电压和直流电流的共同作用下，LKD2—T1 型列控中心设备采集驱动单元采集电路电源回路中的保险管 F2（以下简称列控中心保险管 F2，额定值 250 伏、5 安培）熔断。熔断前温州南站列控中心管辖区间的轨道无车占用，因温州南站列控中心设备的严重缺陷，导致后续时段实际有车占用时，列控中心设备仍按照熔断前无车占用状态进行控制输出，致使温州南站列控中心设备控制的区间信号机错误地保持在绿灯状态。

雷击还造成轨道电路与列控中心信号传输的 CAN 总线阻抗下降，使 5829AG 轨道电路与列控中心的通信出现故障，造成 5829AG 轨道电路发码异常，在无码、检测码、绿黄码间无规律变化，在温州南站计算机联锁终端显示永嘉站至温州南站下行线三接近（以下简称下行三接近，即 5829AG 区段）出现"红光带"。

19 时 39 分，温州南站车站值班员臧凯看到"红光带"故障后，立即通过电话

---

① 白一尚、吴恒、王颖慧、王东勃：《基于事故致因理论的安全隐患治理模型》，《工业工程与管理》2013 年第 1 期。

② 张姗姗：《我国高速铁路安全监督管理问题研究》，天津商业大学硕士学位论文，2014 年。

向上海铁路局调度所列车调度员张华汇报了"红光带"故障情况，并通知电务、工务人员检查维修。瓯海信号工区温州南站电务应急值守人员滕安赐接到故障通知后，于19时40分赶到行车室，确认设备故障属实后，在《行车设备检查登记簿》（运统—46）上登记，并立即向杭州电务段安全生产指挥中心进行了汇报。

19时45分左右，滕安赐进入机械室，发现6号移频柜有数个轨道电路出现报警红灯。

19时55分左右，接到通知的温州电务车间工程师陈旭军、车间党支部书记王晓、预备工班长丁良余3人到达温州南站机械室，陈旭军问滕安赐："登记好了没有？"滕安赐说："好了。"陈旭军要求滕安赐担任驻站联络，随即与王晓、丁良余进入机械室检查，发现移频柜内轨道电路大面积出现报警红灯（经调查，共15个轨道电路发送器、3个接收器及1个衰耗器指示灯出现报警红灯），陈旭军即用1个备用发送器及1个无故障的主备发送器中的备用发送器，替代S1LQG及5829AG两个主备发送器均亮红灯的轨道电路的备用发送器，采用单套设备先行恢复。

20时15分左右，陈旭军通过询问在行车室内的滕安赐，得知"红光带"已消除，即叫滕安赐准备销记。滕安赐正准备销记，此时5829AG"红光带"再次出现，王晓立即通知滕安赐不要销记。陈旭军将5829AG发送器取下重新安装，工作灯点绿灯。随后，杭州电务段调度沈华庚来电话让陈旭军检查一下其他设备。陈旭军来到微机房，发现列控中心轨道电路接口单元右侧最后两块通信板工作指示灯亮红灯，便取下这两块板，同时取下右侧第三块的备用板插在第二块板位置，此时其工作指示灯仍亮红灯。陈旭军立即（20时34分左右）向DMIS（调度指挥管理信息系统）工区询问了可能的原因后，便回到机械室取下三个工作灯亮红灯的接收器。此时列控中心轨道电路接口单元右侧第二块通信板工作指示灯亮绿灯，陈旭军随即将拆下来的两块通信板恢复到两个空位置上，然后通信板工作指示灯亮绿灯。陈旭军在微机室继续观察。

至事故发生时，杭州电务段瓯海工区电务人员未对温州南站至瓯海站上行线和永嘉站至温州南站下行线故障处理情况进行销记。

20时03分，温州南站线路工区工长袁建军在接到关于下行三接近"红光带"的通知后，带领6名职工打开杭深线下行584公里300米处的护网通道门并上道检查。20时30分，经工务检查人员检查确认工务设备正常后，温州南工务工区驻站联络员孔繁荣在《行车设备检查登记簿》（运统—46）上进行了销记："温州南—瓯海间上行线，永嘉—温州南下行线经工务人员徒步检查，工务设备良好，交付使用。"

19时51分，D3115次列车进永嘉站3道停车（正点应当19时47分到，晚点4分钟），正常办理客运业务。

19时54分，张华发现调度所调度集中终端（CTC）显示与现场实际状态不一致（温州南站下行三接近在温州南站计算机连锁终端显示"红光带"，但调度所CTC没有显示"红光带"），即按规定布置永嘉站、温州南站、瓯海站将分散自律控制模式转为非常站控模式。

20时09分，上海铁路局调度所助理调度员杨向明通知D3115次列车司机何栎："温州南站下行三接近有'红光带'，通过信号没办法开放，有可能机车信号接收白灯，停车后转目视行车模式继续行车。"司机又向张华进行了确认。

20时12分，D301次列车在永嘉站1道停车等信号（正点应当19时36分通过，晚点36分钟）。

永嘉站至温州南站共15.563公里，其中永嘉站至5829AG长11.9公里，5829AG长750米，5829AG至温州南站长2.913公里。

20时14分58秒，D3115次列车从永嘉站开车。

20时17分01秒，张华通知D3115次列车司机："在区间遇红灯即转为目视行车模式后以低于20公里/小时速度前进。"

20时21分22秒，D3115次列车运行到583公里834米处（车头所在位置，下同）。因5829AG轨道电路故障，触发列车超速防护系统自动制动功能，列车制动滑行，于20时21分46秒停于584公里115米处。

20时21分46秒至20时28分49秒，因轨道电路发码异常，D3115次列车司机三次转目视行车模式没有成功。

20时22分22秒至20时27分57秒，D3115次列车司机6次呼叫列车调度员、温州南站值班员3次呼叫D3115次列车司机，均未成功（经调查，20时17分至20时24分，张华在D3115次列车发出之后至D301次列车发出之前，确认了沿线其他车站设备情况，再次确认了温州南站设备情况，了解了上行D3212次列车运行情况，接发了8趟列车）。

20时24分25秒，在永嘉站到温州南站间自动闭塞行车方式未改变，永嘉站信号正常、符合自动闭塞区间列车追踪放行条件的情况下，张华按规定命令D301次列车从永嘉站出发，驶向温州南站。

20时26分12秒，张华问臧凯D3115次列车运行情况，臧凯回答说："D3115次列车走到三接近区段了，但联系不上D3115次列车司机，再继续联系。"

20时27分57秒，臧凯呼叫D3115次列车司机并通话，司机报告："已行至距温州南站两个闭塞分区前面的区段，因机车综合无线通信设备没有信号，跟列车调度员一直联系不上，加之轨道电路信号异常跳变，转目视行车模式不成功，将再次向列车调度员联系报告。"臧凯回答："知道了。"20时28分42秒通话结束。

20时28分43秒至28分51秒、28分54秒至29分02秒，D3115次列车司机两次呼叫列车调度员不成功。

20时29分26秒，在停留7分40秒后，D3115次列车成功转为目视行车模式启动运行。20时29分32秒，D301次列车运行到582公里497米处，温州南站技教员幺晓强呼叫D301次列车司机并通话："动车301你注意运行，区间有车啊，区间有3115啊，你现在注意运行啊，好不好啊？现在设备（通话未完即中断）。"

此时，D301次列车进入轨道电路发生故障的5829AG轨道区段（经调查确认，司机采取了紧急制动措施）。20时30分05秒，D301次列车在583公里831米处以99公里/小时的速度与以16公里/小时速度前行的D3115次列车发生追尾。事故造成D3115次列车第15、16位车辆脱轨，D301次列车第1至5位车辆脱轨（其中第2、3位车辆坠落瓯江特大桥下，第4位车辆悬空，第1位车辆除走行部之外车头及车体散落桥下；第1位车辆走行部压在D3115次列车第16位车辆前半部，第5位车辆部分压在D3115次列车第16位车辆后半部），动车组车辆报废7辆、大破2辆、中破5辆、轻微小破15辆，事故路段接触网塌网损坏、中断上下行线行车32小时35分，造成40人死亡、172人受伤。①

3 "7·23"甬温线特别重大铁路交通事故分析

3.1 调查组在"7·23"事故中存在的问题

调查组在生产安全事故处理中起着关键性的作用，因此在突发事件发生后，政府应立即成立相应的事故调查组。然而在本案例中，所成立的事故调查组却出现了参加主体不明确、调查过程的信息不公开等问题。表2显示了此次事故调查组的成员情况。

表2   "7·23调查组"成员②

成　　员	性质	参与方式	成员人数
组织事故调查的人民政府 事故发生地人民政府 安全生产监督管理部门 负有安全生产监督管理职责的部门 监察机关 公安机关	行政机关	法定	18

---

① 《"7·23"甬温线特别重大铁路交通事故调查报告》，http://www.chinasafety.gov.cn/newpage/Contents/Channel_5498/2011/1228/160577/content_160577.htm，2011年12月28日。

② 李涛、王飞：《安全事故处理调查组的法律问题分析：以"7·23"甬温线特别重大铁路交通事故为例》，《南京工业大学学报（社会科学版）》2013年第1期。

续表

成　　员	性质	参与方式	成员人数
工会组织	社会团体	法定	3
检察机关	司法机关	应当邀请	4
各行业专家	高校及研究单位	可以聘请	12

（1）调查组的参加主体任务不明确。

2007年国务院公布实行了《生产安全事故报告和调查处理条例》，其中第二十二条规定："事故调查组由有关人民政府、安全生产监督管理部门、负有安全生产监督管理职责的有关部门、监察部门、公安机关以及工会派人组成，并应当邀请人民检察院派人参加。事故调查组可以聘请有关专家参与调查。"调查组相当于独立的调查机构。

"7·23调查组"于2011年7月25日成立到2011年12月25日国务院公布《7·23甬温线特别重大铁路交通事故调查报告》，已用去法定的全部时间。但是有人对调查报告表示了质疑，这与调查组的成员组成有很大关联。"7·23调查组"在成立初始就包括了专家，但2011年10月召开的国务院常务会议决定，调整、充实"7·23"甬温线特别重大铁路交通事故调查组和专家组，出现了调查组和专家组两个不同的工作机构。专家组是否起到调查的作用？有人提出了疑问。另外，国务院正式公布的调查报告中，在结尾的签名处，只有调查组的成员，而没有专家组的成员。对此，没有任何部门给予解释，这也导致部分社会公众对调查报告持怀疑态度。

（2）调查过程的信息不公开。

调查组作为安全事故处理的唯一调查主体，掌握着安全事故发生的一切信息，为了保证调查过程的客观、公正，调查组要做到调查信息公开，并接受公众的监督。但"7·23"事故的调查组在调查处理过程中就存在调查进度、支撑调查结论的证据不公开等问题。

3.2　遇难者赔偿标准确定的问题

该事故的善后工作重要内容之一就是对遇难家属进行赔偿，最初提出的赔偿标准为17.2万元。铁道部方面官员称，依据《铁路交通事故应急救援和调查处理条例》和《铁路旅客意外伤害强制保险条例》规定，铁路运输企业对每名铁路旅客人身伤亡的赔偿责任限额人民币15万元，加每名铁路旅客自带行李损失的赔偿责任限额人民币2000元，再加2万元的最高保险金，合起来为17.2万元。

这一标准立即受到许多人质疑，人们认为十几万元无法体现出对死者的尊重及对家属的抚慰。几经讨论，善后工作组对赔偿标准进行了调整，以 17.2 万元为基数，加上 20 万元保险理赔，为 37.2 万元，另外加上遇难者家属交通费、丧葬费等共计 50 万元。

善后工作组在温家宝总理赶往事故现场的前一天，又请浙江省高级人民法院研究提出该事故赔偿的司法建议。浙江省高级人民法院参加研究的法官，通过讨论普遍认为：根据《最高人民法院关于审理铁路运输人身损害赔偿纠纷案件适用法律若干问题的解释》（2010 年 3 月 16 日起正式施行）第十二条关于受损旅客可以依据《中华人民共和国合同法》或侵权责任法律规定，进行选择赔偿的规定，以及《中华人民共和国侵权责任法》已经于当年颁布且于同年 7 月 1 日起正式施行的情况，《侵权责任法》中"有关侵权责任的法律规定"，应当是指包括侵权责任法在内的相关法律规定；而该法第七十七条中的"法律"，一般情况下应理解为全国人民代表大会及其常委会制定的法律，而非行政法规。依据后法优于前法和上位法优于下位法的法律适用原则，结合近几年来的物价变化等因素，参加讨论的浙江省高级人民法院法官认为：以《中华人民共和国侵权责任法》和《最高人民法院关于审理铁路运输人身损害赔偿纠纷案件适用法律若干问题的解释》等为依据，协商处理"7·23"甬温线事故赔偿事宜，相对而言理由更为充分，有利于及时、妥善地处理此次特大事故，也能够得到较好的社会效果。考虑到死者具体家庭情况各异，有很大的不确定性，为做好受害人家属思想工作，可以参考上海"11·15"重大火灾事故善后赔偿救助方案。最终，参与研究的浙江省高级人民法院法官们决定建议，依法赔付死亡赔偿金、精神损害抚慰金、丧葬费等约 60 万元，另行给付各类帮扶金、抚慰金等（含被扶养人生活费）约 30 万元，共计大约 90 万元。

2011 年 7 月 29 日，"7·23"事故救援善后总指挥部公布理赔方案，以《中华人民共和国侵权责任法》为损害赔偿标准的主要依据，遇难人员赔偿救助金主要包括死亡赔偿金、丧葬费、精神抚慰金和一次性救助金（含被扶养人生活费等），合计金额 91.5 万元。

该赔偿方案的出台一波三折，各方依据不一，意见不一，但最终的赔偿方案是符合党中央和国务院要求"以人为本"处理事故的指示精神的，依据了国家有关法律的规定，同时参照了其他事故的处理经验。

3.3 政府对突发事件的危机公关问题

在本案例中，事故发生后，引起了党中央、国务院的高度重视。时任国务院副总理张德江于 2011 年 7 月 24 日上午率有关方面负责人紧急赶赴事故现场，对相关工作作出全面部署。国家总理温家宝也在 2011 年 7 月 28 日上午来到温州，察看了"7·23"甬温线特别重大铁路交通事故现场，对伤亡人员家属表示深切慰问。随后，温总理举行中外媒体见面会，向 70 余家媒体和 150 多名记者介绍事故善后情况。从以上的危机公关处理情况来看，中央政府的公关工作还是得到了人民的认可。然而事故的主要负责部门在危机公关中并没有交上一份令人满意的答卷。

事故发生之后的 8 月 3 日，国家安监总局局长骆琳才表示，国家已成立事故调查小组，关于事故的相关报告以及相关人员的处罚，事故调查小组会给全国人民一个负责任的结果。在此消息发布前，网络和坊间已经开始流传各种相关事故责任人处罚谣言，政府没有在第一时间发布关于成立事故调查组的信息，失去了对这一信息的主导权，导致了谣言的滋生，让民众对调查的公正性和发言的真诚性产生了怀疑。因此，政府在危机事件公关中，要建立健全信息公开机制，加强对信息传播的管理，做出正确的舆论引导，这是非常重要的。

在此次事故中，铁道部作为主要责任部门，其第一次新闻发布会于事故发生后26 个小时才进行，随后的 4 天再没有来自铁道部官方发布的信息。而对于拆解车身、掩埋车头这些处理工作的解释，更是存在前后发言不一致的情况。这些应对充分暴露出部分政府官员的危机公关意识淡薄，缺乏危机公关方面的专业知识。

3.4　政府的公共危机管理问题

"7·23" 甬温线特别重大铁路交通事故及其所带来的舆论风暴，给铁道部带来的后果是致命的。它使得中国高铁一时间在舆论界成为 "过街老鼠"，甚至有人造谣说高铁有辐射，其乘务员会不孕不育，经常有大批的乘务员辞职。这也导致高速铁路进一步降速，银行进一步限贷，中国高铁线路资金接近枯竭，中国高铁几近被扼杀。在事故的整个应急处理工作中，铁道部暴露出了对动车组列车运行中可能发生的重特大事故应急预案和应急机制不完善、应急处理经验不足、信息发布不及时、对有关社会关切回应不准确等问题，引起了社会质疑，造成了很严重的负面影响。

对于政府的公共危机的管理，戴维·奥斯本（Osborne）和特德·盖布勒（Gabler）认为，政府管理的目的是使用少量钱预防，而不是花大量钱治疗。与危机过程中别的阶段相比较而言，危机避免是一种既经济又简便的方法，只是我们在日常的危机管理活动中未能对它给予足够的重视。因此，国家铁路局（铁道部在 2013年被撤销）在进行公共危机管理时，首先要建立健全高速铁路安全监督体系，加强危机管理的预防机制。安全监督的保障措施有：（1）完善招投标的监督机制。建立资格预审制度，秉承公开、公平、公正的原则进行审查；完善招投标投诉举报机制，使公众的监督权利真正落实，保证招投标的公开化、透明化。（2）落实安全监督责任制。可以实施质量监督责任制，形成领导责任制和质量终身负责制，确保质量层层落实，追责有依。这样一旦发现哪个环节出现问题，可以依法追究直接负责人的法律责任，加强了各环节负责人的责任感、使命感。（3）安全监督巡检制度化。落实高速铁路运营阶段日常化的检验检测制度，尤其是对操作要点、信号控制、车辆维修管理等重要环节进行常态化检验,"7·23"事故就是由于信号控制出现故障引发的重大交通事故,因此,形成对运行机务的常态化检测监督是十分必要的。其次,要建立快速反应机制,强化危机发生后铁道部处理危机的能力。

3.5 对媒体缺位的分析

(1)反应迟缓,信息缺位。

在"7·23"甬温线特大铁路交通事故救援中,微博扮演了众多角色:起初是事故最早的信息来源,事故发生后又成了事发动车乘客的亲友发布寻亲信息的平台,之后还在一定程度上扮演了辟谣阵地,对事故救援工作起到了积极的作用。而电视、报纸等传统主流媒体却迟迟不能到位,其介入时间的滞后,直接导致了传统媒体舆论引导权的丢失。

(2)报道失实,态度缺位。

在本次事故救援中,网上一些诸如"吊起的车体里还有人招手",甚至"有人从吊起的车体里掉落"的不实之词或者片面的言论让受众充满疑问。媒体的不实报道对受害人而言无疑是加剧了他们对政府的不满。如某电视台记者在7月24日现场报道中称"我们了解到,事故已造成63人死亡,203人受伤",让受众茫然不知所措。官方发布的死亡35人的字幕还在荧屏上,现场播报的数字就发生了大的变化,不明真相的人还以为字幕没来得及更新。

在本次事故的报道中,有媒体为刻画救出小伊伊的特警队长邵曳戎的英雄形象,在报道《温州特警用坚持挽救生命》中,有这样一段表述:"邵曳戎在××人员宣布停止施救的情况下,对抗上级继续施救,终使'放弃'搜救的小伊伊重获新生。"就是这样的报道,激化了矛盾,使受众的愤怒上升到了顶点,社会一片哗然:"为什么事故部门不把救人放在第一位?"也许是影响实在太大,温州市公安局特警队队长邵曳戎很快通过中央电视台解释:"在此之前,铁路部门指挥人员从未宣布过'停止搜救'。"事故单位负责人澄清:"小伊伊是在桥下使用大吨位汽车吊精准、平稳地将两端车厢移开后,救援人员对该车厢全面搜救中获救的。"事情澄清了,但不良后果还是产生了。媒体的不实报道往往会激化矛盾,其为博眼球而歪曲事实,很明显是态度问题。

4 案例总结

4.1 案例评价

在"7·23"甬温线特别重大铁路交通事故中,我们见识到了中国政府在处理公关危机上的出色能力。事故发生后,我国政府在处理事故全过程中所表现出来的高度重视、敢于担当、积极回应，特别是首次通过网络将事故调查报告的全文公布，认真履行了"给人民群众一个真诚、负责任的交代"的承诺。国务院总理温家宝更是赶赴事故现场，对事故遇难者表示深切哀悼，并在现场举行新闻发布会，强调事故救援工作从一开始就要以救人为首的原则，并强调铁道部一定要给人民一个负责任的交代，稳定民心。不过，有些部门的表现还是让人心存疑虑。对此前备受质疑的"提前结束救援"和"铁路部门在救援过程中掩埋车头销毁证据"的说法，尽管铁道部一再出面澄清，还是无法消除民众的疑虑，带来了极大的负面影响。

无论对铁路管理者还是乘客，注重安全是一个再简单不过的常识。在"7.23"事件中，再次印证了这一点。政府应吸取本次事件的教训，在进行公共危机处理时必须要成立统一的应急机构，采取积极、有效的危机管理措施和危机问题解决对策，加强内部管理，提高工作人员素质，接受社会监督，巩固自己的社会地位和竞争优势，提高在公众心目中的良好形象，将危机的损失降到最低，在危机中重塑自己。

4.2　案例中各主体的分析

政府：从疲于"捂盖"到主动"揭盖"。事故发生后，有关部门没有从实际出发，急于通车，而且未在第一时间公布伤亡具体情况，从而引起了舆论的一片哗然。遗憾的是，铁道部未能及时予以回应。后来，针对公众对于事故原因及处置的质疑，铁道部积极会同有关部门召开新闻发布会，强调铁道部的原则还是把"救人"放在第一位，对遇难者表示哀悼，并积极处理善后工作。而后国务院总理还亲自慰问了死者家属及伤员，并在事故现场召开了一次具有独特意义的网络新闻发布会，全面地发布调查最新进展，坦诚客观地回应公众问责，逐步扭转了政府被社会舆论质疑、嘲讽的被动局面。虽然此次事故处置中尚存争议，但从实际效果来看，以"揭盖子"代替"捂盖子"，以公众能够接受的方式来疏导网络民意质问的做法，无疑是尊重公众知情权、参与权和监督权的。面对网络时代的政府信任危机，积极主动解决事件的态度比什么都重要。

公众：从"盲目参与"到"理性监督"。当今社会，网络已成为公民利益表达的重要渠道，同时政府也通过网络了解民意。然而互联网的开放性、隐匿性等特点在便于公民参与的同时，也带来混乱无序的难题。网络上对"动车追尾"事故及对中国高铁的猜测、诘问、谩骂、煽动性言论蜂拥而至。部分网民的无序参与使得一些毫无价值的信息干扰政府有关部门的正常运转，加大了政府及时控制事态发展和恢复公信力的难度。当"动车追尾"事故演变为政府危机事件之后，通过及时有效的引导，公众的有序参与对铁道部的"不作为"可以产生强大的舆论压力，对督促和推动政府彻查事故真相、追究相关责任以及重塑公信力能起到积极的

"助推器"作用。

媒体：从"包办代替"到"正确定位"。"动车追尾"事故发生后，媒体铺天盖地的报道和评论掩盖了政府的声音。而媒体的力量是有限的，真正解决公信力缺失问题的关键还是政府职能部门。如果媒体角色发生错位，往往会导致舆论监督的异化，使得新闻自由干预司法独立，道德评判代替司法审判，媒介的"话语强权"干扰政府行政。铁道部新闻发言人称，掩埋车体是为了便于施救的开展，而众多媒体报道称这是掩饰证据。显然，铁道部新闻发言人的澄清和媒体的报道大相径庭。在政府解释和媒体渲染同时存在时，大部分公众往往选择相信媒体的舆论，而把矛头更多地指向政府。媒体应该找准自己的定位，协助政府澄清事实，从根本上解决问题。

4.3 案例反思

这次事故以及善后过程所出现的种种异常都提醒人们，事故的发生绝不仅仅是一些设备故障、几个工作人员失职所致。这几年的铁道大提速是否会留下隐患，原有的体制、机制是否还能适应发展，是否要尽快启动相关改革，这些都应尽快提上议事日程。事实上，不论我们采取多少事前预防措施，也不能完全避免突发性危机事件的发生。随着信息技术的快速发展，相关部门一定要加强信息传播管理，掌握信息主导权，做出正确的舆论引导。为了给民众一个负责任的交代，有关方面要深刻总结此次事故的经验教训，理顺铁路监管与运营机制，建立相应的法律法规，为民众出行提供更加安全的保障。

 **思考题**

1. "7·23"甬温线特大事故究竟是"天灾"还是"人祸"？对于此类事故，你认为应该建立怎样的问责机制？

2. 政府在公共危机的管理与处理中应该是起主导作用的，然而政府在本案例中的相关举措存在缺陷，这些缺陷是什么？其产生的原因是什么？

3. 在"7·23"甬温线特大事故中，媒体在关键时间的缺位，在引导大众、维护社会稳定中不恰当的角色扮演，在一定程度上导致了舆论失控。那么在公共事件中，媒体究竟应扮演什么样的角色？

4. 分别从政府、行业自身、公众、媒体的角度出发，谈谈在公共危机的防范和处理上应该怎么做。

一、课前准备

在全面了解"7·23"甬温线特大铁路交通事故的基础上，制订明确合理的授课计划，根据相应步骤充实课堂素材。课堂讲义的草拟、幻灯片的制作、师生互动内容的准备等，都需要在授课前期完成。在课前需要提前告知学生本次授课主题，让学生在课前能够充分了解事件、评论事件、提出问题，有利于课堂中的讨论。

二、适用对象

公共管理类专业的学生，以及对此类事件较为感兴趣的个人或群体。

三、教学目标

1. 了解事件，分析问题

近年来，随着我国高速铁路发展突飞猛进，相关事故也随之增加，因此，人们对高速铁路的安全问题也就更为关注。选择"7·23"甬温线特大铁路交通事故这一案例，就在于它引起了全国的广泛关注、政府的高度重视，是影响我国高铁发展的重要事件之一。对此类以公共危机应对为中心的公共管理事件进行深度剖析，全方位了解事件的进展，多角度分析事故发生的具体原因，并探寻合理的解决之道，总结相关经验教训。

2. 总结公共危机事件的处理经验

此次"7·23"甬温线特大铁路交通事故引起了全国人民的广泛关注，对铁路行业的质疑声也是此起彼伏。此事故关系到众多主体的利益，因此妥善解决此次事故至关重要。对于政府来说，这又是一次关于公共安全的公共危机事件。公共危机事件的处理是当代公共管理领域内的重点事项，也是比较薄弱的环节。通过对此案例的分析和探讨，学生要了解政府等行政主体在解决公共危机事件时所应该具备的态度和处理方式，要根据此案例总结经验、明确职责，使未来政府对危机事件的处理能够更加系统化、明确化、有效化，在充分考虑各主体的利益相关性的基础上，合理解决问题。

3. 培养学生多元思维能力，正确认识问题和解决问题的能力

本案例涉及政府、公众、媒体等多个主体，各主体看待问题的角度各不相同。通过对此类事件的分析，公共管理类学生要形成对危机事件的处理意识，从思想上架构此类事件的解决框架，结合自身思考，寻求解决方法。要培养学生客观、冷静地看待此类案例，引导学生主动站在多方角度去思考问题，了解事件的全貌，形成自己的评价，从而更好地指导实践。

四、要点分析

1. 案例中的几个关键词

高速铁路安全、监督体系、公共危机、政府、媒体

2. 案例中的相关主体

政府、媒体、高铁行业、受害者

3. 案例要点

（1）事故调查组的问题。

成立调查组，就是想公正公开地了解事故的成因。调查组相当于独立的调查机构，其公信力是十分重要的。而此案例中，社会公众对调查组成员构成及调查报告的真实性都产生了一定的质疑。

调查组作为安全事故的唯一调查主体，掌握着安全事故发生的一切信息。调查组要做到调查信息公开，并接受公众的监督。

（2）信息发布不及时。

此次事故的处理和善后过程中，各种来源不明的信息在网络、短信上四处游走，真相如同一团迷雾。在此背景下，"捂""瞒""内部管控""小范围处理"的办法行不通，信息公布不够及时透明，结果导致网民批评声铺天盖地，无怪乎党和国家领导人要求"严肃对待民众对动车事故的质疑"。所以在发布信息方面，此次事故的最大教训无疑是：及时听取民众的意见和建议，做到信息公开透明，处理有依有据，让事故当事人明白，让公众理解，才是平息事态的最佳途径。

（3）政府应对公共危机的能力不足。

危机事件具有极大的突发性，一旦发生就会让人措手不及。如何进行危机公关使政府摆脱突发事件后的不利局面，是政府部门迫切要解决的重大难题。传播的威力在此次动车追尾事件中得到彻底展现，如何在这场事故中处理得当，对政府来说是一个巨大的挑战。然而面对这场挑战，政府并没有交上一份令人满意的答卷。不论是信息公开还是舆情的应对、问责，都让人们表示质疑。

（4）媒体过度行使舆论监督权的问题。

在危机信息的发布方面，若是不能将危机事件的真实情况及时有效地传递给社会公众，就容易为虚假消息的传播提供温床。此次动车事故发生后，由于政府没有第一时间出来表态，各种舆论满天飞，加上某些媒体添油加醋和公众信息判断能力有限，导致各方沟通出现了障碍。为凸显救援人员高大的英雄形象，有些媒体故意歪曲事实或者夸大报道，结果引来了社会的一片谩骂，到处都是对事故相关部门不把救人放在首位的质疑声。有些媒体在危机事件中没有很好地履行其正面引导危机舆论的职责，还制造小道消息，造成极大的社会恐慌，影响社会稳定，增加了解决危机的难度。

4. 危机处理中多元主体参与问题

政府、媒体和公众等主体在处理此次事故中都发挥了很大作用，使危机得以妥善解决。有效的危机治理需要政府、媒体和公众不断总结经验教训，以更好地预防下次危机的发生。

政府：从疲于"捂盖"到主动"揭盖"，政府是解决公共危机的主导力量。

媒体：从"包办代替"到"正确定位"，媒体是危机解决的加速器抑或抑制者。

公众：从"盲目参与"到"理性监督"，公众是危机解决的监督者。

5. 案例的相关思考

（1）倒逼事故赔偿标准化。

从每人 17.2 万元赔偿标准备受质疑，到每人 91.5 万元赔偿标准被罹难者家属及公众基本认可，赔偿标准的"三级跳"过程，不仅是赔偿数额的有情合理攀升，更体现了对党中央和国务院要求"以人为本"处理事故的指示精神的有效落实，是事故处理由铁路部门自行赔付到司法部门依法裁定赔偿的重大转变。对于"7·23"事故赔偿中首次用《中华人民共和国侵权责任法》裁定重大交通责任事故赔偿，大部分法律界人士认为"也许会为今后的交通责任事故的处理提供范例"。

（2）公共危机中，政府如何进行危机公关？

公共危机事件发生了，就需要起主导作用的政府出来应急处理，我们可以把这个过程称为危机公关,而一旦不能得到有效地处理,势必产生巨大的麻烦。在危机爆发后,政府应如何进行危机公关,这是一个永远需要改进的问题。

政府应建立健全信息公开机制。现在是网络时代,所以首先必须在第一时间将信息公开、公正地传达给广大人民群众,新闻发言人制度必须强化。其次需加强政府官员对危机公关专业知识的学习。作为危机事件的管理者,增强自身处理危机事件的能力,是政府官员迫切需要解决的问题。官员们应将理论知识与实际事件结合起来,针对不同的案例情况应采取不一样的应急措施,切勿犯"本本主义"和"经验主义"错误。再次,可以成立统一的应急机构来实施危机公关。危机事件发生后,是否有强有力的统一机构来负责整个危机事件的公关,是危机事件能否得到妥善解决的关键。最后,一旦发生危机事件,要马上启动应急方案,按照实际情况与方案相结合的原则,在上级领导下,明确各部门的职责,强化各部门之间的信息沟通和联通机制。

(3) 公民知情权的问题。

知情权即为知悉、获取各种情报、信息之权利。作为现代社会公民的一项基本权利,知情权具有不可剥夺的性质,其义务主体是控制和掌握政府信息的各级国家行政机关、法律法规授权的组织、行政机关依法委托的组织和个人。我国对公民知情权的保护,以及政府信息公开制度的完善,还有很多实践层面的问题需要解决:第一,知情权作为公民的一项基本权利,应直接明确地写入我国宪法文本,使知情权问题在我国获得根本法地位和最高的法律效力;第二,应尽快健全违宪审查机制,使知情权不能依法实现或受到国家公共权力机关的不法不当侵犯时,能得到及时的宪法救济;第三,应重视网络技术的信息沟通和传输功能,充分利用互联网实现政府信息公开,保障公民的知情权。

(4) 我国行政问责制的问题。

行政问责在我国的确立和发展具有鲜明的本土特色,我国现实语境中的问责制,其特殊性主要体现在以下两个方面:一是侧重于对领导责任的追究;二是民主性特质,与传统行政管理框架下的上问下责的责任追究机制不同,问责所独具的"以人民需要和公共利益为依归"的根本宗旨,使其成为现代民主框架下一种极为重要的权力制约机制。也就是说,问责所独具的这种民主性特质,要求政府及其官员的一切行为都要"对民负责","受民监督",否则将要受到人民的谴责和制裁。当实践中发生给人民权益和公共利益带来重大损害的事件或者事故时,问责视角下对官员领导责任的追究,其旨在于对民意的回应,给老百姓一个满意的、负责的交代。所以,强化行政问责机制是在危机事件处理中必须坚持的。

五、课堂安排

1. 案例回顾

用大约 30 分钟时间进行案例回顾，在回顾过程中充分运用计算机辅助手段，用视频播放器播放案例的相关新闻报道和解读座谈视频。

2. 案例设问

在案例回顾结束后，向学员提出 3~5 个相关问题，不同的问题由不同的组回答。

3. 案例讨论（第一次）

案例设问后，引导学员进行第一次课堂讨论。课堂讨论利用小组讨论的形式，由不同的组回答不同的问题，所有小组回答完毕后进行共同讨论，即进入案例讨论的辩论环节，各小组可对其他小组所回答的内容进行提问和反驳。

4. 教师点评（第一次）

教师对各小组回答问题的情况及辩论环节相关论点进行分析点评。

5. 案例深化

教师继续对本案例进行深化，向学员提出 2~3 个案例深层问题。

6. 案例讨论（第二次）

引导学员进行第二次课堂讨论，此次讨论不分组，自由讨论。讨论结束后如有争议，继续进行辩论环节。

7. 教师点评（第二次）

教师对学员回答问题的情况及辩论环节相关论点进行分析点评。

8. 教师总结

教师对案例所反映的要点进行全面总结，并向学员提出今后学习的相关建议。

六、其他教学支持

1. 计算机支持

教学需安排在多媒体教室，计算机要配有 Microsoft Office 软件，Word、Excel 和 PPT 都能全面运用。

2. 视听辅助手段

教学过程中使用影音播放器。影音播放器支持本地播放与在线视频点播，其在案例教学中的使用让学员获得了充分的案例视听资料。

后　记

　　本案例册是在案例编写团队的共同努力下完成的。本系列教材建设的案例库适合行政管理专业、公共事业管理专业的本科生、研究生和 MPA 专业学位学员使用。参与本册案例编写的人员有周学荣、张熠、汤震、吴迪、宋文君、陈曦、李晶、杜苑林等。周学荣拟选所有的案例题目和案例内容，提出案例编写要求和规范，指导案例编写，审阅所有案例编写内容，提出修改意见等；张熠、汤震参与了"公共环境维护——厦门 PX 项目事件案例分析"的编写；吴迪参与了"政企合作共建——十堰市地下综合管廊建设案例分析"的编写；宋文君参与了"专车监管——基于武汉专车市场调查的案例分析"和"轻松筹能否实现轻松管？——政府对网络募捐监管的案例分析"的编写；陈曦参与了"食品安全监管——双汇'瘦肉精'事件案例分析"和"互联网金融监管——以 e 租宝事件为例"的编写；李晶参与了"河北'7·19'洪灾引发的交通安全案例分析"和"电力供应突发事件应急处理案例分析——以 Y 电网为例"的编写；杜苑林参与了"公共废物治理——泰州天价环境修复费案例分析"和"公共危机应对——'7·23'甬温线特别重大铁路交通事故案例分析"的编写。在此一并表示感谢！还要感谢湖北大学研究生院对本案例册的资助，感谢湖北大学政法与公共管理学院学科建设的资助。